Ulrich Offenberg

DAS REICH DER PHARAONEN

Geschichts-Daten

5000 - 3150 v. Chr.:	**Vordynastische Zeit**
3032 - 2707:	**Frühdynastische Zeit**
2707 - 2216:	**Altes Reich**
2640 – 2575:	Pharao Djoser
2575 – 2551:	Pharao Snofru
2551 – 2511:	Pharao Cheops
2511 - 2491:	Pharao Chephren
2491 – 2471:	Pharao Mykerinos
2325 – 2155:	Pharao Pepi I.
2216 - 2025:	**Erste Zwischenzeit**
2010 - 1793:	**Mittleres Reich**
1971 – 1926:	Pharao Sesostris II.
1648 - 1552:	**Zweite Zwischenzeit**
1555:	Pharao Kamose
1552- 1075:	**Neues Reich**
1552 – 1527:	Pharao Ahmose
1490 – 1468:	Pharao Hatschesput
1364 - 1350:	Pharao Amenophis IV. & Nofretete
1319 – 1309:	Pharao Tut-anch-Amun
1304 – 1290:	Pharao Sethos I.
1279 – 1213:	Pharao Ramses II.
1224 – 1204:	Pharao Merenptah
1184 – 1153:	Pharao Ramses III.
1075 - 652:	**Dritte Zwischenzeit**
652 - 332:	**Spätzeit**
332 v. Chr. - 395:	**Griechisch-Römische Zeit**
332 – 323:	Alexander der Große
51 – 30	Kleopatra
30 v. Chr. – 14:	Augustus
395 - 638:	**Byzantinische Zeit**
640 - 968:	**Frühislamische Zeit**
969 - 1171:	**Fatimidenzeit**
1171 - 1250:	**Ayyubidenzeit**

Geschichts-Daten

1250 - 1517:	**Mamelukkenzeit**
1517 - -1801:	**Osmanenherrschaft**
1798 - 1802:	Ägyptische Expedition von Napoleon
1805 - 1882:	**Dynastie des Muhammad Ali**
1892 - 1922:	**Britische Herrschaft**
1922 - -1952:	**Königreich Ägypten**
Seit 1953:	**Republik Ägypten**

Inhaltsverzeichnis

Geschichte muss nicht immer logisch sein. Wenn es einen Pharao gibt, den wirklich jeder kennt, dann ist es Tutanchamun. Dabei ist ausgerechnet dieser jung verstorbene Herrscher für die Ägyptologen ein eher unbedeutender Pharao Altägyptens. Es war lediglich der Aufsehen erregenden Entdekkung seines von Plünderern unbehelligten Grabes im Jahre 1922 durch den Briten Howard Carter zu verdanken, dass dieser Gottkönig aus dem Dunkel der Geschichte auftauchte. Seine Grabausstattung war wirklich märchenhaft. Ausstellungen mit diesen Schätzen locken noch heute regelmäßig riesige Besucherströme an.

Doch längst sind vergleichbare Schätze und ähnliche Entdekkungen von wirklich großen Pharaonen gemacht worden, mächtigen Herrschern und Eroberern, die trotzdem nicht die Bekanntheit des Tutanchamun erreichten. Dafür war wohl vor allem die Legende vom Fluch des Pharao verantwortlich, verbreiteten von den damals gerade Einfluss gewinnenden Massenmedien, die vor allem diesen unbedeutenden Pharao so berühmt machten. Angeblich wurde jeder, der sein Grab geschändet hatte, mit dem Tode bestraft. – Seltsamerweise vergaß Tutanchamun, den Hauptverantwortlichen für seine Ruhestörung zu bestrafen. Carter, der Entdecker, starb friedlich 13 Jahre später im Bett. Und auch zahlreiche andere Wissenschaftler, die an der Untersuchung des Grabes beteiligt waren, erlebten gleichfalls einen ruhigen Lebensabend. Der Fluch des Pharao war wohl nichts anderes als eine Erfindung sensationslüsterner Boulevard-Journalisten.

Die Grabkammer des jungen Pharao wurde am 17. Februar 1923 geöffnet. Ein Schrein aus vergoldetem Holz von etwa vier Meter mal sechs Meter Umfang füllte sie beinahe vollständig aus. Um genau zu sein: Es handelte sich nicht um einen, sondern tatsächlich um vier ineinander geschachtelte

Schreine, deren Reliefs die Auferstehung des Pharaos darstellten. Die Entdecker konnten zunächst kaum fassen, was sie da in diesem engen Grab sahen; die Grabkammer selbst war unbeschädigt. Nur in die vorderen Räume waren Räuber eingedrungen, die offenbar jedoch damals, vor Jahrhunderten, gestört worden waren. Danach geriet die letzte Ruhestätte des jungen Königs wohl in Vergessenheit und war selbst professionellen Plünderern nicht mehr bekannt.

Carter und seine Mitarbeiter konnten damals erstmals einen kompletten königlichen Grabschatz bestaunen, so wie er nach dem Tode dem Pharao beigegeben worden war: Möbelstücke, Truhen, Thronsessel, Statuen, zerlegte Streitwagen, Gefäße, Schalen, Schreine. Ein ungeheurer antiker Schatz in vier kleinen Räumen, die ursprünglich wohl gar nicht dafür gedacht waren, Tutanchamuns sterbliche Überreste aufzunehmen. Denn der Pharao bestieg mit nur neun Jahren den Thron und starb im Alter von 18 Jahren. Möglicherweise fiel er einem Attentat zum Opfer, als er seinen Generälen und Oberpriestern zu unbequem geworden war.

Ihm stand als Pharao, als Bindeglied zwischen den Göttern und den Menschen, eigentlich ein viel prächtigeres Grab zu. Aber der Tod kam wie ein Blitz. Tutanchamun war zu wenig Zeit beschieden, um sich im Tal der Könige eine würdigere letzte Ruhestätte in den Felsen meißeln zu lassen. So wie es seine Vorgänger und Nachfolger hielten, deren gewaltige Pyramiden zu den erhabensten Bauwerken der Menschheit zählen und deren Felsengräber mit ihren einzigartigen Wandmalereien zu den schönsten Kunstwerken gehören, die uns aus der Vorzeit erhalten geblieben sind.

Wie konnte sich am Nil eine so hoch stehende, eine so einzigartige Kultur entwickeln, während in Mitteleuropa die

Menschen, in losen Sippenverbänden siedelnd, nur eines im Sinn hatten: irgendwie zu überleben?

Die Ursprünge der ägyptischen Kultur

Vor fünfzig Millionen Jahren war ganz Ägypten vom Meer bedeckt. Im Laufe der Jahrtausende zogen sich die Wassermassen allmählich zurück, nur der Nil blieb. Das Delta in seiner heutigen Form existierte noch nicht, der Fluss musste sich sein Bett erst suchen. Durch klimatische Veränderungen entstand in vorgeschichtlicher Zeit ein einzigartiger Landstrich entlang des Nils. Eine blühende Oase inmitten ausgedörrter Wüstengebiete.

Nordägypten war zu jener Zeit eine undurchdringliche und für Menschen unbewohnbare Sumpflandschaft. Im Schilf- und Papyrusdickicht lebten Millionen von Vögeln, Kranichen, Enten und Wachteln. Krokodile und Nilpferde herrschten über die fischreiche Wasserlandschaft, in der die Papyrusstauden bis zu sechs Meter hoch wuchsen. Das Ufer des oberägyptischen Niltals war von reicher Vegetation bedeckt, hier lagerte sich im Rhythmus der Natur alljährlich der fruchtbare Nilschlamm ab und ermöglichte bereits vor tausenden von Jahren die Entwicklung einer Ackerbaukultur.

Über die ägyptische Vorgeschichte wissen wir nicht sehr viel. Für die Ägypter ging dem ersten Pharao Menes ein unermesslich langer Zeitraum voraus, in dem Dynastien von Göttern regierten. Bevor die Menschen am Nil sesshaft wurden, lebten sie als Nomaden und Viehzüchter in einer zunehmend unwirtlichen Savanne. Weberei, Korbflechterei und Keramikherstellung entwickelten sich. Es ist nachgewiesen, dass zwischen 4600 und 4200 vor Christus im Niltal Getreide angebaut wurde.

In dieser Zeit begannen die Menschen wahrscheinlich auch, ihre Felder zu bewässern, auf Nilschlammablagerungen zu säen, Jagd und Fischfang zu betreiben, den Göttern Heiligtümer zu errichten und ihre Toten mit wertvollen und im Jenseits nützlichen Grabbeigaben zu bestatten. Von Kultur konnte noch nicht die Rede sein. Es gab weder Städte noch große Gebäude, sondern lediglich Hütten aus Schilf, Lehm und Stroh. Die primitiven Gräber waren meist einfache Erdgruben.

Doch irgendwann wichen die Dörfer größeren Ansiedlungen, Stämme schlossen sich zusammen und vereinten ihre Arbeitskräfte. Eine erste Hierarchisierung bahnte sich an: Ein Anführer, der gebieterischer auftrat und stärker respektiert wurde als andere, setzte sich durch. Um ihn herum sammelte sich eine Elite. Es kam zu Konflikten zwischen größeren Ansiedlungen um die Herrschaft über bestimmte Gebiete.

Jeder Klan stellte sich durch ein heiliges Emblem dar, oft in Tiergestalt. Lokale Fürstentümer entstanden, festigten sich und weiteten ihre Ackerbau- und Jagdgebiete allmählich aus. Erstmals wickelte man Tierkadaver von Schakalen, Stieren, Widdern und Gazellen in Matten und sogar Leinentücher. Wahrscheinlich betrachtete man diese Tiere bereits als heilig. Religiöse Traditionen wie die Bestattung des Verstorbenen in einem Sarg oder die Wahl des Westufers des Nils als Standort der Nekropolen stammen schon aus dieser Zeit.

Irgendwann erhob sich ein König über die große Zahl der regionalen Stammesfürsten, eine beeindruckende, eine starke Persönlichkeit, die die weiße Krone Oberägyptens trug. Er war kein einfaches Stammesoberhaupt mehr, sondern ein echter Monarch – die Krone bewies es. Sein Name bleibt rätselhaft: Er wird durch eine Hieroglyphe ausgedrückt, die einen Skorpion darstellt und deren Lesart nicht gesichert ist. Der Einfachheit nennt man ihn König Skorpion.

Erst in der Epoche dieses Königs änderte sich der Charakter der archäologischen Fundstücke. So wurden die Verstorbenen etwa zur Bestattung nicht mehr in Matten oder Felle gewickelt, sondern sie wurden in sargartigen Körben oder später in Kästen aus Holzbrettern oder gebranntem Ton beigesetzt. Unter der Herrschaft dieses Königs nahm das Ägypten der Pharaonen allmählich Gestalt an.

Es ist aber bis heute nicht geklärt, wie lange die prädynastische Zeit dauerte, in der etwa auch König Skorpion regierte. Einige Archäologen veranschlagen dafür mehrere Jahrhunderte. Manche Überlieferungen erwähnen rund 60 Könige aus dem Delta sowie eine lange Monarchenreihe in Oberägypten, die bis um 5500 vor Christus zurückverfolgt werden kann. Darunter sind sogar sieben Königinnen, die Ägypten reagiert haben sollen.

In dieser Zeit bahnte sich eine grundlegende Neuerung an: Die Entstehung der Schrift der Ägypter, die Bild- und Symbol-Schrift der Hieroglyphen. Eine heilige Schrift, die ebenso wie später der Pharao als schöpferischer Kultur- und Zivilisationträger fungierte. Der Name des Königs Skorpion wurde schon, wie bereits erwähnt, mit einer Hieroglyphe geschrieben. Auf aus vordynastischer Zeit überlieferten Paletten lässt sich bereits erahnen, wie die Hieroglyphenschrift entstand, wie das Denken der Menschen immer schneller seine Übersetzung in eine neuartige Zeichenform fand.

Jede Hieroglyphe war zugleich Kunstwerk, Symbol und Begriffszeichen mit phonetischem Wert. Einige Zeichen bildeten sogar eine Art Alphabet, das den angehenden Ägyptologen heute als Grundlage zur Entzifferung dient. Die Entstehung der Hieroglyphen ist untrennbar mit der Geburt des geeinten Reichs Ober- und Unterägypten verbunden. Es entstand eine gemeinsame Sprache für das ganze Land, um den Willen der Götter und der Könige kundtun zu können. Eine Sprache voll magischer Kraft.

Die vielfältige Götterwelt Ägyptens

Die Ägypter entwickelten einen sehr poetischen Schöpfungsmythos und dahinter eine wirklich vielschichtige, vielfältige und komplexe Welt von Göttern jeglicher Provenienz. Die Ägypter glaubten damals, das Leben sei aus einer dunklen, formlosen Leere, dem „Nun", den Wassern des Chaos, entstanden. Erst die zurückweichenden Fluten des Nils ermöglichten danach das Leben. In Heliopolis wurde der Sonnengott Atum als höchster Schöpfer verehrt. Er ging, so hieß es, als erster Sonnenaufgang aus einer Lotosblume hervor, die auf dem Urhügel wuchs.

Ägypten kennt verschiedene Schöpfungsmythen. In Heliopolis glaubte man, dass Atum im Besitz der Lebenskraft des Universums sei. Aus ihr schuf er die Zwillingsgötter Schu, den Gott der Luft, und Tefnut, die Göttin der Feuchtigkeit. Atum zeugte sie mit seinem Samen hieß es. Laut einer anderen Version des Mythos brachte er Schu hervor, indem er nieste und Tefnut, indem er ausspuckte.

Schu und Tefnut zeugten dann gemeinsam den Erdengott Geb und die Himmelsgöttin Nut, die ihrerseits wieder gemeinsam vier Kindern das Leben schenkten: Osiris, Isis, Seth und Nephthys. Schu trennte daraufhin die beiden und breitete den gewölbten Körper Nuts über die Erde, der fortan den Himmel bildete und die Kräfte des Chaos zurückhielt.

Laut den Priestern der ägyptischen Metropole Hermopolis wurde das erste Leben von den acht Gottheiten der Ogdoad geschaffen, die in den Urwassern existierten. Nun und sein weibliches Gegenstück Naunet standen für die Kräfte des Wassers; Huh und Hauhet für den ewigen Raum oder die Unendlichkeit; Kuk und Kauket für die Urfinsternis; Amun und Amaunet für die unsichtbare Kraft des Lebens. Ihre gemeinsame Energie brachte den Funken des Lebens und den Urhügel hervor, aus dem die Sonne emporstieg.

Horus war in Heliopolis der „Herr des Himmels" und der Gott des Ostens, dessen Augen Sonne und Mond bildeten. Als Harachte verschmolz er mit dem Sonnengott Re zu Re-Harachte. Der meist als Falke oder als Mann mit Falkenkopf dargestellte Horus war der Sohn von Isis und Osiris, die über Ägypten herrschten, bis Osiris von seinem eifersüchtigen Bruder Seth, dem Beherrscher des Chaos, ermordet wurde. Isis fügte den zerstückelten Körper ihres Gemahls durch Zauber wieder zusammen und gebar das Kind Horus, das sie im geheimen großzog.

Zum Mann gereift zog Horus aus, um seinen Vater zu rächen und den Thron als rechtmäßiges Erbe zurückzufordern. In der Geschichte vom Widerstreit zwischen Horus und Seth trug Horus seinen Fall zuerst den Göttern vor, die ihm alle Recht gaben – bis auf den Sonnengott Re, der sich dafür aussprach, dass Seth als der stärkere Gott den Thron behalten sollte. Da sich die Götter nicht einigen konnten, wandten sie sich an die große Totengöttin Neith, die zugunsten des Horus entschied. Doch Seth wollte dieses Urteil nicht anerkennen. Die Folge waren zahlreiche erbitterte Kämpfe, die auf Reliefs im Tempel des Horus in Edfu dargestellt sind.

Bei einem ihrer Zusammenstöße schnitt Seth dem Horus das linke Auge heraus, das ihm von der Göttin Hathor zurückgegeben wurde. Nun wandte sich Horus erneut an Neith, während Osiris aus der Unterwelt drohte, die Geister der Vergeltung loszulassen und Gerechtigkeit forderte. Schließlich sprachen die Götter Horus den Thron zu.

Diesmal akzeptierte Seth die Entscheidung und setzte von da an seine gewaltige Kraft ein, um Re im Kampf gegen die Mächte der Dunkelheit zu unterstützen. Während Horus in Ägypten, dem Land der Lebenden, regierte, wurde Osiris zum Herrscher der Unterwelt. Jeder Pharao wurde als „lebendiger Horus", als die Inkarnation des Horus auf Erden, verehrt. Der König behielt seinen Status auch nach dem Tod, wenn er in der Unterwelt mit Osiris verschmolz.

Die weiblichen Göttinnen

Während in den meisten Kulturen Weiblichkeit mit Passivität und Sanftmut assoziiert wurde, waren in Ägypten einige der furchtbarsten Gottheiten weiblich. Allerdings verfügten viele Göttinnen über zwei Seiten und konnten auch beschützend und gütig sein, wenn sie ausreichend beschwichtigt wurden.

Für den Schutz des Pharao selbst waren die Zwillingsgöttinnen Neckhbet und Wadjet, „Die Mächtigen", zuständig. Nekkhbet, die Geiergöttin Unterägyptens, beschützte den König mit ihren ausgebreiteten Flügeln, und Wadjet, die Kobragöttin Oberägyptens, spie Feuer in die Augen seiner Feinde. Der Pharao trug Bilder der beiden Göttinnen auf der Stirn – seine Beziehung zu ihnen wurde durch den königlichen Titel „Er von den zwei Damen" hervorgehoben.

Die im Norden verehrte Göttin Neith, „Gebieterin des Bogens, Beherrscherin der Pfeile“, wurde mit dem Krieg assoziiert und als Trägerin eines Schildes mit gekreuzten Pfeilen dargestellt. Ihr Urteil war so scharfsinnig, dass die anderen Götter sie immer wieder um Rat fragten. Hathor, eine der beliebtesten ägyptischen Göttinnen, wurde entweder als Kuh oder als Frau mit einer Krone aus Hörnern und der Sonnenscheibe dargestellt, um ihre Rolle als Tochter des Sonnengottes und als gütige Erscheinungsform der wilden Löwengöttin Sekhmet zu betonen.

Die Vermischung von Göttinnen zeigt sich auch in der allmählichen Verschmelzung des Hathor-Kultes mit dem der Isis. So galten beide als Mutter des Königs und wurden oft mit gleichen Insignien und Symbolen dargestellt. Hathor wird meist als Göttin der Liebe und Schönheit und auch als „Herrin der Trunkenheit“ bezeichnet, die über Musik, Tanz und Feste wachte. Als „Dame des Westens“ empfing diese Göttin die Seelen der Toten im Jenseits.

Doch damit ist es noch nicht genug mit der reichen Götterwelt des alten Ägyptens. Amun, einer der acht Schöpfer-Gottheiten, repräsentiert in der ägyptischen Schöpfungsmythologie die verborgene Lebenskraft des Universums. Seine Macht wuchs mit der der Pharaonen des Mittleren Reiches. Schon bald wurde Amun als „König der Götter“ bezeichnet. Denn das Zentrum des Amun-Kultes in Kárnak geriet mit jedem Pharao prächtiger, bis es zum größten Tempelkomplex Ägyptens wurde.

Da der Tribut der Könige an Amun immer höher wurde, verfügten seine Priester schließlich über Reichtümer und Macht, die mit der Monarchie selbst konkurrieren konnten. Die Gottheit wurde meist als Mann mit einer Krone aus zwei Federn, aber auch als Widder, Gans oder Schlange dargestellt. Als Amun-Kematef trat er in Gestalt einer Schlange auf, die in einem fortwährenden Kreislauf der Erneuerung ihre Haut abstreift. Aus der Verschmelzung mit dem Fruchtbarkeitsgott Min, die Amuns schöpferische Kraft verstärkte, ging Amun-Kamutef hervor.

In der Zeit des Neuen Reiches verschmolz Amun mit dem Sonnengott Re, Ägyptens höchster Gottheit, zu Amun-Re. Er wurde zum König der Götter und außer während der Amarna-Zeit zum Staatsgott. Schließlich wurden alle anderen ägyptischen Gottheiten nur mehr als Aspekte des Amun betrachtet, der als höchstes Mysterium und als göttliche Schöpfungskraft des Universums galt und der „Der Unsterbliche" genannt wurde. Abgesehen von seinem Status als offizielle Nationalgottheit war Amun aber auch außerhalb seines großen Tempels sehr beliebt. Die Menschen verehrten ihn in ihren Häusern und richteten ihre tägliche Gebete an ihn.

Die Frühgeschichte Ägyptens

Mit dem Tod von König Skorpion ging die so genannte prädynastische Zeit zu Ende. Es war die Phase der Vereinigung von Ober- und Unterägyptens, die wahre Gründung des ägyptischen Reiches. Davon berichtet uns die Palette des letzten Königs dieser Zeit, Narmer. Das kleine, 63 Zentimeter hohe Fundstück aus Nekhen, spiegelt den Übergang zwischen zwei Epochen wider: Material, Stil und Gestaltung gehören noch in die vordynastische Zeit, die Abbildungen künden jedoch schon von der Existenz der I. Dynastie.

Beide Seiten der Palette aus grünem Schiefer sind mit Reliefs dekoriert. Die Szenen sind wiederum in drei Registern übereinander angeordnet. Ganz oben symbolisieren zwei Kuhköpfe die Göttin Hathor, die kosmische Gottheit, deren Name „Haus des Horus“ bedeutet. Horus ist die Hauptbezeichnung des Pharao, der König stellt sich unter göttlichen und himmlischen Schutz.

Die Vereinigung der zwei Teilgebiete Ägyptens wird einfach und deutlich dargestellt: Auf der Rückseite trägt der Herrscher die weiße Krone Oberägyptens, auf der Vorderseite dagegen die rote Krone Unterägyptens. Menes hieß der Mann, der als erster König sowohl über den Süden als auch über den Norden regierte. Das Ägypten der Dynastien war so geboren. Als erster Monarch aus Fleisch und Blut folgte Menes den Göttern und Halbgöttern auf den Thron, die das Land Jahrtausende lang regiert hatten.

Menes wollte eine Stadt schaffen, die des neuen, von ihm regierten Reiches würdig war. Die Standortwahl war vermutlich eine politische Entscheidung, denn Memphis, auf ägyptisch unter anderem die „Waage der zwei Länder“ genannt, wurde direkt unterhalb des Deltas errichtet, an einem strategischen Punkt, der eine Art Grenze zwischen Unter- und Oberägypten bildete.

Für die alten Ägypter war eine Stadt vor allem ein religiöses Zentrum, ein Ort der Verehrung, an dem sich erst in zweiter Linie wirtschaftliche Aktivitäten entwickelten. Daher verwandelte Menes einen uralten Marktflecken, in dem der Gott Ptah, Schutzherr der Handwerker, verehrt wurde, in eine Stadt, die man auch „Leben der zwei Länder“ nannte. Ihre stabilen Gebäude waren von vollendeter Schönheit. Nach einer Überlieferung soll Menes’ Sohn in Memphis einen Palast gebaut und ihm den Namen „Per-aa“, „Großes Haus“ gegeben haben, woraus sich dann die Bezeichnung „Pharao“ entwickelte.

Wie haben wir uns diese erste Hauptstadt vorzustellen? Die Häuser bestanden aus ungebrannten Lehmziegeln. Die Zimmer waren um einen Empfangsraum herum angeordnet. Sowohl zu großen als auch zu kleinen Gebäuden gehörten Gärten. Memphis lag am Westufer des Nils, nicht weit vom Fluss entfernt. Fruchtbare Felder und Palmenhaine umgaben die Stadt. Bäume beschatteten die Straßen und ein großer Damm schützte die Stadt vor starkem Hochwasser. Im Grunde war die ganze Stadt Memphis ein riesiges heiliges Symbol.

Unter Menes' Führung entwickelte sich das Land. Es gab einen Handwerkerstand, zentral verwaltete Kornspeicher und Schiffswerften. Tempel wurden gebaut, Ackerbau und Viehzucht betrieben. Alles gehörte dem König, jeder Quadratmeter war sein. Er hatte das Land von den Göttern selbst geerbt und sie übertrugen ihm die Sorge um Ägyptens Wohlergehen. Aber der Pharao durfte seinen Getreuen als Belobigung mehr oder minder große Landparzellen schenken. So entstanden die Güter der hohen Würdenträger.

Das ägyptische Wirtschaftssystem fußte komplett auf religiösen Prinzipien. Der Tempel lenkte allen Warenverkehr. Ohne die Opfergaben an die Götter würde, so glaubte man, das Land in Chaos und Elend gestürzt. Erst wenn die Götter zufrieden waren, wurden die Bedürfnisse der Menschen erfüllt und die Reichtümer verteilt.

Die Ernten wurden von Schreibern sorgfältig erfasst. Ein Teil des Korns wurde in die Speicher der Hauptstadt gebracht und dort als Vorrat für schlechte Jahre eingelagert. Die Natur war freigiebig: Es wurden Linsen, Erbsen, Lauch und Zwiebeln angebaut, Früchte wie Datteln, Feigen und Trauben geerntet. Zum Süßen wurde Honig verwendet. Auch an Vieh mangelte es nicht: Es gab mehrere Rinderrassen, Gänse und Enten bevölkerten die Geflügelhöfe. Der ägyptische Bauer liebte sein Land. Sein Wohlstand wie auch der des ganzen Volkes war untrennbar mit dem Leben spendenden Nilschlamm verbunden.

Das wirtschaftliche und spirituelle Leben Ägyptens stützte sich auf den Tempelbau. Die Tempel wurden von Handwerkern gebaut, die Menes vermutlich in staatlichen Einrichtungen ausbilden ließ. An Baumaterial wie Stein, Holz oder Metall herrschte kein Mangel. Rund um Memphis und wahrscheinlich auch in den Wüstengebieten wurden Steinbrüche angelegt.

Zu Menes' Zeit waren Bäume in Ägypten noch nicht so rar wie heute: Palmen, Lorbeerbäume, Weiden, Akazien, Tamarisken und Maulbeerbäume lieferten eine reiche Auswahl an Hölzern. Bald wurden auch Handelsexpeditionen beauftragt, Zedern aus dem Libanon und Zypressen aus Syrien zu beschaffen. Kupfer war in Ägypten reichlich vorhanden, es wurde zu Waffen und Werkzeug verarbeitet. Bronze wurde erst im Mittleren Reich geläufig, Eisen war sehr selten.

Das Königsmaterial, der Papyrus, ermöglichte es, Schrift auf einer leicht zu handhabenden und bequem zu transportierenden Unterlage festzuhalten. Der Pharao persönlich war oberster Heerführer und oberster Richter. Und noch etwas darf nicht unerwähnt bleiben: Anders als in Griechenland oder Rom gab es in Ägypten niemals Sklaven. Zu keiner Zeit wurden Menschen zu Nutztieren degradiert. Zwar gab es eine Art Leibeigenschaft, aber die wurde in Europa auch erst im 20. Jahrhundert abgeschafft.

Die beiden ersten Dynastien führten das Werk des Menes weiter. Am Ende der II. Dynastie war Ägypten zu einem

Reich verschmolzen, dessen Wohlstand unaufhaltsam wuchs. Das Land besaß eine Hauptstadt, ein Verwaltungssystem, glänzend ausgebildete Handwerker. Die Institution des Königs war fest etabliert. Alles war bereit für einen weiteren Schritt nach vorn.

Die erste große Glanzzeit

Mit der Thronbesteigung von Pharao Djoser beginnt das Alte Reich. Wir schreiben das 27. Jahrhundert vor Christus und den Beginn der III. Dynastie. Djoser regierte vermutlich von 2640 bis 2575. Dem alten Ägypten stand eine der glänzenden Epochen seiner Geschichte bevor.

Der befehlsgewaltige Djoser war ein gerechter Pharao. Sein Andenken wurde die gesamte ägyptische Geschichte hindurch in Ehren gehalten, die nachfolgenden Generationen erinnerten sich an ihn als an einen weisen, gelehrten und kenntnisreichen Mann. Djoser soll Lehrbücher sogar verfasst haben, die künftigen Pharaonen wichtige Regeln ihres „Berufes“ als König vermittelten und ihnen halfen, die rechte Haltung gegen Götter und Menschen einzunehmen. Die Gestalt des Djoser war der Inbegriff des Friedens.

Die Ägypter nannten den Erbauer der Grabanlage von Sakkara „Djoser den Prächtigen“. Für sie stellte der Pharao ein Wesen dar, das mit heiliger Macht ausgestattet war und sich dadurch von den normalen Sterblichen unterschied. Weil der Körper des Pharaos unsterblich war, kommunizierte ganz Ägypten mit dem Göttlichen. Das Geschick eines jeden Ägypters war mit dem seines Königs untrennbar verbunden. Aus diesem Grund verwandte Djoser seine gesamte Regierungszeit auf den Bau seiner gigantischen Grabanlage von Sakkara. Dies sollte künftig die zentrale Aufgabe eines jeden

Herrschers werden: Ein Haus der Ewigkeit zu bauen als Wohnstatt für einen göttliche Körper. Mit der Gestaltung dieser Anlage betraute er einen begnadeten Baumeister: Imhotep.

Als erster Architekt der Geschichte verwendete Imhotep Stein als Baustoff für eine so weitläufige Anlage wie Sakkara. Vor ihm war Stein als Baumaterial lediglich in kleinen Teilbereichen von Königsgräbern eingesetzt worden. Imhotep aber war nicht nur Architekt, sondern auch Arzt, Magier, Astrologe, Literat und Philosoph. Zusätzlich war er bei Hofe mit verantwortungsvollen Verwaltungsaufgaben betraut, er war der Erste im Reich nach dem Pharao. Er war der Mann der vollziehenden Staatsgewalt.

Imhoteps Ruhm überdauerte Djosers Regierungszeit. Sein Ansehen war vielleicht sogar noch größer als das des Königs. Lange Zeit blieb er der Schutzherr der Schriftsteller und Schreiber, die, bevor sie mit der Arbeit begannen, stets einige Tropfen Wasser verspritzten, um ihren Ahnen Imhotep zu ehren.

Sakkara, vom preußischen General Baron von Inutoli im Jahre 1821 wiederentdeckt, liegt am Saum der Libyschen Wüste, angrenzend an bebaute Ländereien und an den Palmenhain, in dem die Reste des einst glorreichen Memphis gefunden wurden. Der Ort, den Imhotep gewählt hatte, lag oberhalb von Djosers Hauptstadt. Er war nicht weit von der Nekropole der Pharaonen der I. und II. Dynastie entfernt, wodurch sich eine räumliche Kontinuität ergab. Mehr als 1000 Jahre nach Djosers Herrschaft kamen Gläubige, Pilger und Schreiber in die Wüste, um dem großen König die Ehre zu erweisen. Dort, in Sakkara, fand der Pharao seine letzte Ruhestätte.

Mit der Stufenpyramide von Sakkara entstand die Pyramide als Grundform für die sakralen Bauten der alten Ägypter. Zum ersten Mal in der ägyptischen Geschichte gestaltete ein Architekt diesen machtvollen und einzigartigen geometrischen Körper. Die Stufen der Pyramide erinnern bewusst an eine Treppe, die Himmel und Erde verbindet.

Um 2575 vor Christus begründete ein König namens Snofru die IV. Dynastie. Er herrschte mindestens 24 Jahre und gilt als der größte Baumeister der ägyptischen Geschichte. In der Erinnerung des Volkes bleibt Snofru der gütige König, der großzügige Herrscher. In den Türkisminen des Sinai wurde er gar als Gott verehrt, weil er dort die Arbeitsbedingungen erheblich verbessert hatte. – Ein sichtbarer Beweis für das innere Gleichgewicht des Landes von damals ist uns erhalten geblieben: Snofrus Pyramiden. Gleich drei Stück hat der Erfinder der klassischen Pyramidenform uns hinterlassen: die älteste in Meidum und zwei weitere Exemplare in Dahschur.

Unter Snofru wurde die Verwaltung Ägyptens einem Ersten Minister anvertraut, für den sich die Bezeichnung Wesir einbürgerte. Als Oberhaupt der Exekutive war er der wichtigste Staatsmann nach dem Pharao. Er leitete zahlreiche Amtsstuben, ihm unterstand die Rechtssprechung, er wachte über den Staatshaushalt, die Landwirtschaft, die Bauvorhaben, die Armee, die Königlichen Archive, über Eigentumsurkunden und Verträge. Er war des Pharaos Wille, sein Auge und sein Ohr. Allmorgendlich besprachen sie die laufenden Angelegenheiten des Staates.

Der Pharao organisierte zahlreiche Handelsexpeditionen. Außer seinen drei großen Pyramiden ließ er Tempel, Festungen, Häuser und Schiffe erbauen. Auch in den Bildhauerwerkstätten herrschte emsiges Treiben.

Das Leben bei Hofe muss ausgesprochen luxuriös gewesen sein. Das wissen wir aus den herrlichen Mobiliarfunden im Grab der Königsgemahlin Hetepheres. Ihre Ruhestätte in der Nähe der Großen Pyramide wurde unversehrt gefunden. Hetepheres hinterließ eine vollständige Schlafzimmereinrichtung: ein Bett auf Löwenpranken, eine hölzerne Nackenstütze, einen großen Sessel mit üppigem Pflanzendekor. Das Mobiliar ist robust und zugleich fein gearbeitet.

Militärische Unternehmungen scheinen unter Snofrus Herrschaft wenig stattgefunden zu haben. Ein paar Feldzüge nach Nubien und Libyen sind überliefert, aber das waren eher razzia-ähnliche Überfälle als große Schlachten. Wie üblich berichten die Inschriften von tausenden von Gefangenen und reicher Kriegsbeute. Aber das ist nicht weiter ernst zu nehmen. Klappern gehörte schon zu jener Zeit zum Handwerk.

Die Giganten unter den Pharaonen

Dem König des Goldenen Zeitalters folgten die drei Giganten: Cheops, Chephren und Mykerinos. Magische Namen, denen das alte Ägypten einen Großteil seines Ruhmes verdankt. Drei Pharaonen, denen wir die schönsten archäologischen Stätten überhaupt verdanken: Die Hochebene von Gizeh, auf der ihre drei Pyramiden stehen. Dieser Komplex ist das einzige der Sieben Weltwunder, das heute noch existiert. Die Hochebene von Gizeh, auf der sich die drei größten Pyramiden Ägyptens erheben, war eine heilige Stätte. Die beeindruckenden Monumente bilden zusammen mit der Sphinx ein untrennbares Ganzes.

Cheops bestieg den Thron um 2551 vor Christus, Mykerinos starb um 2471 vor Christus. Während dieser 80 Jahre konzentrierte sich Ägypten voll und ganz auf die Bautätigkeit.

Das gern bemühte Bild von tausenden von Sklaven, die in der drückenden Hitze, von Peitschenhieben angetrieben, Stein um Stein heranschleppen, stimmt dabei aber nicht. Die Pyramiden auf der Hochebene von Gizeh wurden von genialen Meistern errichtet, von begnadeten Steinmetzen, Feldmessern und Spezialisten.

Der Alltag der Arbeiter unter Cheops, Chephren und Mykerinos ist bis ins Detail bekannt. Szenen aus den Mastabas, den Gräbern der Vornehmen, zeigen nicht etwa ein Sklavenheer bei der Fronarbeit, sondern fleißige und glückliche Menschen, die stolz auf ihre Arbeit für den göttlichen Pharao waren. Eine strenge Hierarchie war für das reibungslose Funktionieren der Baustelle unerlässlich. Wie in der Zeit des Kathedralenbaus im Mittelalter gab es eine klare Abgrenzung zwischen den Spezialisten und der Masse der Hilfsarbeiter.

Von Cheops ist nur eine einzige Darstellung erhalten: Eine kleine, neun Zentimeter hohe Elfenbeinstatuette, die im Ägyptischen Museum in Kairo steht. Der König sitzt hier auf seinem Thron und trägt einen Schurz und die rote Krone. Sein Gesichtsausdruck ist ernst und drückt Willensstärke aus. In der rechten Hand hält er die geflochtene Geißel.

Cheops hat heute an sich einen schlechten Leumund. Im Ägypten der Spätzeit entwickelte sich eine antipharaonische Literatur, die besonders Cheops negativ zeichnete. Herodot, dieser phantasievolle vorchristliche Reporter, berichtete etwa, der Herrscher habe sein Volk ins Elend getrieben. Das stimmt wohl so nicht. Tatsächlich wurde Cheops, wie auch Chephren, der tatsächlich als Tyrann galt, nahezu 25 Jahrhunderte hindurch verehrt. Aber es ist doch hochinteressant zu hören, was Herodot über die Ägypter schrieb, die er immerhin auf seinen Reisen hautnah erlebt hat:

Das Alltagsleben im alten Ägypten

„Ich gehe dazu über, ausführlich über Ägypten zu berichten, weil es sehr viele Merkwürdigkeiten aufweist und sich im Vergleich zu jedem anderen Land dort unbeschreiblich große Kunstwerke finden...Die Ägypter haben sich, entsprechend dem Himmel, der bei ihnen anders, und dem Flusse, der ein anderes natürliches Gepräge hat als die sonstigen Flüsse, Sitten und Gebräuche gegeben, die in fast allen Stükken im Gegensatz zu denen der übrigen Menschheit stehen. Bei ihnen gehen die Frauen auf den Markt und treiben Handel, während die Männer zu Hause bleiben und am Webstuhl sitzen. Während alle anderen beim Weben den Einschlag nach oben stoßen, stoßen ihn die Ägypter nach unten.

Die Lasten tragen die Männer auf dem Kopf, die Frauen auf den Schultern. Die Frauen urinieren stehend, die Männer sitzend. Den Abort haben sie im Hause, das Essen nehmen sie außerhalb des Hauses auf der Straße ein, wobei sie als Erklärung geben, man müsse, was zwar hässlich aber unumgänglich ist, im Verborgenen erledigen: Was aber nicht hässlich ist, solle man in aller Öffentlichkeit tun. Keine Frau übt ein Priesteramt aus. Weder für eine männliche noch für eine weibliche Gottheit, die Männer aber für alle Götter und Göttinnen. Den Unterhalt der Eltern zu bestreiten, beruht für die Söhne ganz auf Freiwilligkeit, und es wird kein Zwang ausgeübt. Dagegen besteht keine Freiwilligkeit, vielmehr voller Zwang für die Töchter.

Die Priester der Götter tragen anderswo langes Haar, in Ägypten lassen sie es scheren. Bei anderen Völkern herrscht die Sitte, dass bei einem Trauerfall die nächsten Leidtragenden das Haupthaar geschoren haben, die Ägypter aber lassen bei Todesfällen ihr Haupthaar und ihren Backenbart wachsen, während sie sonst geschoren sind. Die anderen Völker leben getrennt von ihren Tieren, die Ägypter aber mit ihren Tieren zusammen. Von Weizen und Gerste leben die anderen; wer jedoch von den Ägyptern davon seinen Lebensunterhalt bestreitet, der zieht sich größten Tadel zu. Vielmehr bereiten sie Brot aus Dinkel, den manche „Zeia" nennen. Sie kneten den Brotteig mit den Füßen, den Lehm mit den Händen und auch den Mist lesen sie damit auf.

Die Geschlechtsteile lassen die anderen so, wie sie geworden sind, ausgenommen diejenigen, die von den Ägyptern gelernt haben, sie zu beschneiden. An Kleidern hat jeder Mann zwei, von den Frauen jede nur eines. Bei den Segeln binden die anderen die Ringe und die Taue an der äußeren Schiffswand an, die Ägypter an der inneren. Die Hellenen schreiben und rechnen, indem sie die Hand von links nach rechts führen, die Ägypter von rechts nach links. Dabei behaupten sie von sich selbst, sie würden dies nach rechts tun und die Hellenen nach links. Sie benützen zweierlei Buchstaben, die einen nennen sie die heiligen, die anderen die profanen...

Sie sind in hohem Maße gottesfürchtig, darin alle anderen Menschen übertreffend, und haben folgende Satzungen: sie trinken aus ehernen Bechern, die sie jeden Tag ausspülen, und dies gilt gleichermaßen für alle. Sie tragen stets frisch gewaschene Leinwandkleider und geben darauf ganz besonders Acht. Ihre Geschlechtsteile beschneiden sie aus Reinlichkeitsgründen; sie legen mehr Wert auf Reinheit als auf angemessene körperliche Beschaffenheit. Die Priester schneiden sich alle zwei Tage am ganzen Körper die Haare ab, damit weder eine Laus noch ein sonstiges Ungeziefer sich bei ihnen einnistet, solange sie im Dienst des Gottes sind. Die Priester tragen nur ein einziges Kleid, und zwar ein linnenes, ferner Schuhe aus Bast. Ein anderes Kleid dürfen sie nicht anziehen, auch keine anderen Schuhe. Sie baden zweimal am Tag in kaltem Wasser und zweimal jede Nacht.

Noch andere heilige Gebote erfüllen sie, sozusagen unzählige. Sie genießen aber auch nicht wenige Annehmlichkeiten. Denn von ihrem Eigentum verbrauchen und verzehren sie nichts, sondern es steht ihnen sowohl gebackenes heiliges Brot zur Verfügung, wie auch von Rind- und Gänsefleisch jedem täglich eine große Menge zugeteilt wird; auch Traubenwein wird ihnen gegeben. Fische dürfen sie jedoch nicht essen. Bohnen pflanzen die Ägypter in ihrem Lande überhaupt nicht, und wo solche wild wachsen, essen sie diese weder in rohem Zustand noch gekocht. Ja, die Priester dulden nicht einmal, dass sie ihnen vor Augen kommen, da sie glauben, es handle sich um eine unreine Hülsenfrucht. Den Dienst für den einzelnen Gott versieht nicht ein einziger Priester, sondern eine Vielzahl, von denen einer der Oberpriester ist. Wenn einer stirbt, tritt dessen Sohn an seine Stelle..."

Soweit also Herodot, dem wir einige wichtige Erkenntnisse aus dem alten Ägypten verdanken. Wichtige Informationen, auch wenn wir mittlerweile ahnen, dass die intensive Recherche nicht zu den Stärken des griechischen Berichterstatters gehörte. Über das Tempelleben der Priester wissen die Ägyptologen inzwischen sehr gut Bescheid. Ergänzen wir also ein wenig die Angaben Herodots.

In Anbetracht der großen Anzahl der vorhandenen Götter und ihrer Tempel konnte der Pharao nicht allen mit seiner privilegierten Stellung verbundenen Pflichten nachkommen. Da halfen die Priester aus und handelten oft stellvertretend für den König. Bevor der Priester das Allerheiligste des Tempels betrat, wo in seinem Glauben der Gott mit einem Teil seines Seins in einer im Halbdunkel stehenden Statue anwesend war, musste er eine komplizierte Reinigungsprozedur absolvieren. Dies war nicht wie im Christentum ein spiritueller Akt, verbunden mit dem Widerruf und der Vergebung von Sünden, sondern es waren mehrere aufeinander folgende, rein physische Vorgänge.

Eine Grundvorbedingung der rituellen Reinheit, da hat Herodot Recht, war die Beschneidung. Wenn dies ein angehender Priester noch nicht als Kind hinter sich gebracht hatte, musste der Novize sich der Operation unterziehen, bevor er in die Tempelgemeinschaft aufgenommen werden konnte. Eine weitere Vorbedingung, auch hier stimmen wir Herodot zu, war die Ganzkörperrasur, die alle zwei oder drei Tage stattfand. Priester durften auch bestimmte Speisen nicht zu sich nehmen: Das Fleisch etwa von der Kuh, Schwein, Schaf, Taube, Pelikan und Fisch. Ferner Bohnen, Knoblauch und sämtliches Gemüse. Sie durften die Speisen nicht salzen und Wein war ihnen, wenn überhaupt, nur in kleinen Mengen gestattet.

Die Priester heirateten normalerweise und führten ein Familienleben, doch durften sie sich nur eine Frau nehmen. Mehrere Tage vor Betreten des Tempels sollten sie sich des Geschlechtsverkehrs enthalten. Die rituelle Reinigung der Priester trug sicherlich dazu bei, dass ihre Hygiene auf einem relativ hohen Niveau stand. Berücksichtigt man dann noch ihre gute materielle Versorgung, angemessene Unterbringung sowie die ruhige, genau geregelte Lebensweise, die keine Abweichung, keine Aufregungen und keine anstrengenden Arbeiten kannte, so besaßen die Priester alle Voraussetzungen, um ein gesundes und langes Leben führen zu können.

Die hohe Kunst der Baumeister

Zur „Führungsriege“ der altägyptischen Gesellschaft zählten auch die Baumeister, deren Kunst am perfektesten an der großen Pyramide des Cheops demonstriert wurde. Besondere Beachtung verdient deren geographische Position. Sie liegt genau auf dem Längengrad, der das Land in zwei gleiche Teile teilt. Die nahezu fehlerlos errechnete Orientierung der vier Seiten nach den vier Himmelsrichtungen zeugte von hohem astronomischen und mathematischen Wissen.

Die Bautechnik der drei monumentalen Pyramiden bleibt bis heute zu großen Teilen ein Rätsel. Ein Teil der mächtigen Steinblöcke stammt aus Assuan, ganze 800 Kilometer südlich von Gizeh. Zum Transport auf dem Nil waren große, tragfähige Schiffe nötig, denn die größten Blöcke wogen über 40 Tonnen. Wenn sie abgeladen waren, stand der schwierigere Landweg zur Baustelle bevor. Eine Darstellung aus dem Mittleren Reich in einem Grab in Beni Hassan zeigt eine sieben Meter hohe Kolossalstatue auf einem Schlitten, der von 172 Menschen gezogen wird. Ein Arbeiter steht auf der Basis der riesigen Statue und gießt vor dem Schlitten Wasser auf die eigens angelegten Gleitbahnen aus Nilschlamm. Außerdem benutzte man Rundhölzer, Rampen und Hebel.

Die noch heute unerklärlichen Ausschachtungs- und Hebetechniken mögen damals nur wenigen Menschen bekannt gewesen sein. Die Präzision, mit der Blöcke eingepasst sind, verblüfft – da passt nicht einmal eine Rasierklinge dazwischen.

Die Pyramide war für die Ägypter wie ein lebendiges Wesen. Sie trug einen Namen, man brachte ihr Opfergaben, man empfand sie als Gefäß für die geistige Kraft des Pharao. Zum Herbstanfang, wenn die Überschwemmung das Land bedekkte und Ägypten in einen riesigen See verwandelte, ragten nur noch Bäume und die auf höher gelegenem Grund errichteten Dörfer aus dem Wasser empor. Zwischen ihnen herrschte reger Bootsverkehr. Doch eine Erhebung überragte alle anderen: die Pyramide. Sie wirkte auf den Betrachter wie der Urhügel im Ozean der Schöpfung, wie das Leben im Urzustand.

Chephren war nicht Cheops' unmittelbarer Nachfolger. Zwischen den beiden großen Pharaonen regierte acht Jahre Radjedef, der seine Pyramide merkwürdigerweise nordwestlich von Gizeh in Abu Roach bauen ließ. Die Regierungszeit des Chephren, der 26 Jahre geherrscht haben soll, scheint von keinem bedeutenden historischen Ereignis geprägt zu sein. Herodot war allerdings nicht gut auf ihn zu sprechen, beschuldigte ihn sogar, seine Tochter zur Hure gemacht zu haben:

„Die Tempel blieben zu seiner Zeit geschlossen. Die Ägypter hassen diese Könige so, dass sie ihre Namen nur ungern nennen. Auch die Pyramiden nennt man nach dem Hirten Philitis, der um jene Zeit seine Herden in der Gegend dort weidete. ... Auch wollte der Pharao wissen, wer in seine Schatzkammer eingestiegen und ihn so frech bestohlen habe. Er setzte seine eigene Tochter in ein Freudenhaus und trug ihr auf, alle Besucher ohne Unterschied zu empfangen und vor dem Zusammensein jeden zu zwingen, ihr zu sagen, welches die klügste und zugleich ruchloseste Tat sei, die er in seinem Leben verübt habe..."

Da ist der gute Herodot wohl einem Latrinengerücht aufgesessen. Dass der Pharao seine eigene Tochter, die er nicht einmal einem ausländischen König zur Gemahlin gegeben hätte, in ein Freudenhaus geschickt haben soll, ist so unwahrscheinlich wie die Existenz eines Nilpferdes auf dem Thron Ägyptens. Aber geflunkert wurde von rasenden Reportern eben schon im Altertum...

Neben seiner gigantischen Pyramide hat uns Chephren vermutlich auch die Sphinx hinterlassen. Die 20 Meter hohe und 57 Meter lange Skulptur eines Fabeltiers mit Löwenleib und Menschenkopf ragt südöstlich der großen Pyramide auf und blickt gen Osten. Viele Forscher sind der Meinung, dass die Sphinx mit dem Nemes-Kopftuch Chephrens Gesichtszüge Trägt. Andere glauben, dass die Skulptur schon vor seiner Zeit entstanden ist.

Der griechische Begriff Sphinx leitet sich vom ägyptischen „schesep anch" ab, was soviel bedeutet wie „lebendes Abbild". Die Sphinx galt als Wächter über die Nekropole von Gizeh, der würdevoll die letzte Ruhe der Toten behütete und böse Geister fernhielt. Seit jeher war die Sphinx von den wandernden Sandmassen bedroht. König Thutmosis IV. legte sie frei, und wahrscheinlich ließ Ramses II. von seinen besten Steinmetzen Ausbesserungen vornehmen.

Es ist auffällig, dass Herodot die Sphinx nicht erwähnt, obwohl die Verehrung der grandiosen Skulptur zur Zeit seines Aufenthaltes in Ägypten weit verbreitet war. Hatten die Priester dem Ausländer verboten, von dem heiligen Wächter über die Nekropole zu sprechen? Bis zur Christianisierung Ägyptens, also bis zum 4. Jahrhundert nach Christus, wurde die Sphinx vom Volk für heilig gehalten. Im 2. Jahrhundert restaurierten die Römer das Bodenpflaster vor dem Koloss. Ihnen verdanken wir auch die Verkleidung der Pranken. Die Verstümmelung des Gesichtes ist einem arabischen Emir zu-

zuschreiben, der mit einer Kanone auf die Sphinx schoss. Und auch die Soldaten Napoleons hatten bei Schießübungen die große Raubkatze mit dem menschlichen Antlitz im Visier.

Mykerinos folgte Chephren um 2490 vor Christus auf den Thron. Er regierte über 20 Jahre lang. Er ist der einzige der drei Erbauer der großen Pyramiden, der vor Herodots Augen Gnade fand: „Mykerinos war ganz anders als sein Vater. Er öffnete die Tempel und entließ das arg gequälte Volk zu den eigenen Arbeiten und zu den Opfern. Er war auch der gerechteste Richter unter allen Königen..."

Die Blüte des antiken Ägypten

Mykerinos, der so mild gegen seine Untertanen war und so gut für sie sorgte, trafen etliche schwere Unglücksschläge. Zuerst starb seine Tochter, das einzige Kind im Hause.... Doch nicht genug damit. Ein Orakelspruch kündigte ihm an, dass er nur noch sechs Jahre zu leben habe und im siebten sterben würde... Er akzeptierte sein Schicksal, fand aber angeblich einen Trick, um es herauszuzögern! Er ließ jede Nacht viele Lampen anzünden, trank und vergnügte sich. Er lebte so Tag und Nacht hindurch und zog feiernd durch Wiesen und Haine und wo man sonst noch lustige Feste feiern konnte. Er tat das, um den Orakelspruch Lügen zu strafen; denn wenn er die Nächte zu Tagen machte, wurden aus sechs Jahren zwölf...

Abgesehen von diesen zweifelhaften Anekdoten gibt es praktisch keine historischen Angaben über Mykerinos' Regierungszeit. Bildhauer haben uns mehrere Portraits des Königs hinterlassen. Eine Statuengruppe, die heute in Boston aufbewahrt wird, zeigt ihn zusammen mit seiner Gemahlin, um die er liebevoll den Arm gelegt hat. Die menschliche Liebe, die den König mit der Königin verbindet, wird zur göttlichen Tugend erhoben. Ihre Körper sind schön, kraftvoll und strahlen selbstsichere Stärke und natürliche Würde aus. Diese Plastik ist Ausdruck einer friedlichen Welt, eines Königtums, das seiner selbst sicher war. Eines Landes, das eins war im Glauben an den Herrscher und die Götter.

Die Ägypter selbst betrachteten das Alte Reich als gesegnete Epoche ihrer Geschichte, als Zeitalter des Lichts, in dem ihre Kultur Vollkommenheit erreicht hatte. Ihre Gesellschaft war aufgebaut wie eine Pyramide, mit dem König als Spitze, von dem alle Strahlen ausgingen.

Ein wichtiger Bestandteil der altägyptischen Ordnung war das Eheleben. Hatte ein Mann seine Wahl getroffen, so betrat er das Haus des Vaters seiner Auserwählten, um bei ihm um die Hand seiner Tochter anzuhalten. Hatte die Braut keinen Vater, trat ihr Onkel an dessen Stelle. Die untere Grenze des Heiratsalters dürfte bei den Mädchen meist zwischen dem 12. und 13., bei den Jungen etwa im 14. Lebensjahr anzusetzen sein. „Nimm dir eine Frau, solange du jung bist, damit sie dir einen Sohn gebiert“, hieß es im alten Ägypten. Aber ausgesprochene Kinderheiraten waren wohl eher die Ausnahmen, nicht die Regel. Eheschließungen im vorpubertären Alter wurden gern aus dynastischen Gründen geschlossen.

Tutenchamun war neun Jahre jung, als er die Tochter Echnatons, Anchesenamun, heiratete. Und diese dürfte noch um einiges jünger gewesen sein als ihr königlicher Gemahl. Verwandtschafts-Ehen waren im alten Ägypten auch beim gemeinen Volk üblich. Es heirateten Stiefgeschwister untereinander, oft nahm der Onkel seine Nichte zur Frau. Niemand stieß sich daran. Schließlich lieferten die Götter das Vorbild: Die Geschwister Isis und Osiris, die auf der Welt erschienen waren, um die Menschheit aus der Barbarei zu befreien, waren ein glückliches Ehepaar. Der große Ramses hatte sogar drei Töchter zur Frau.

Damit sind wir bei der Frage angelangt, wie viel Ehefrauen sich die altägyptischen Männer nehmen konnten. Theoretisch soviel sie wollten, praktisch soviel sie sich leisten konnten. Meistens nur eine, denn die Ehe stellte an den Mann beträchtliche finanzielle Ansprüche. Und das System von Eheverträgen stellte die materiellen Rechte der Ehefrau und ihrer Nachkommen auf eine Weise sicher, dass sich der einfache Mann den Luxus mehrerer Ehefrauen kaum leisten konnte. Angetraute Nebenfrauen konnten sich im Alten Reich nur der König und die höchsten Beamten aristokratischer Herkunft leisten.

Meist musste der Mann bei der Hochzeit einen Vertrag akzeptieren, in dem er sich verpflichtete, zum Unterhalt seiner Frau alles, was er bislang verdient hatte oder noch verdienen würde, heranzuziehen. Als schlimmes Delikt galt der Ehebruch, ganz gleich, von wem er begangen wurde. Die Schuldigen wurden öffentlich ausgepeitscht oder durch Abschneiden von Nase und Ohren gebrandmarkt. Verbannung nach Nubien oder in die Steinbrüche war eine mildere Alternative zu der auch möglichen Todesstrafe.

Bei der Scheidung war der Ehemann zu einer anteiligen Zahlung – meist einem Drittel seiner Einkünfte – an die Frau verpflichtet. Danach hatte die Frau das Haus ihres Mannes zu verlassen. Sie fiel dann oft ihren Eltern zur Last. Durch die Scheidung waren beide Partner wieder frei und konnten mit anderen Partnern eine neue Ehe eingehen.

Verschied der Ernährer vorzeitig, hatte die Witwe grundsätzlich ein Anrecht auf ein Drittel der Erbmasse, die Kinder und eventuelle Verwandte auf zwei Drittel. Die Frau hatte dann ein unumschränktes Erbrecht, wenn sie der Mann als seine Tochter adoptiert hatte, was im alten Ägypten nichts Ungewöhnliches war. Die Frauen hatte also zur Zeit der Pharaonen eine geachtete Stellung inne, und die Männer vom Nil behandelten ihre Partnerinnen gut. Dazu mahnte auch die Lehre des Wesirs Ptahhotep:

„Liebe deine Frau aufrichtig,
fülle ihren Leib mit Speise und kleide sie;
Hautöl ist Balsam für ihren Körper.
Erfreue ihr Herz, solange du lebst,
denn sie ist fruchtbarer Acker für ihren Besitzer."

In der Lehre des Ani lesen wir, dass man der Ehefrau von Herzen vertrauen soll:

„Kontrolliere nicht deine Frau in ihrem Hause,
wenn du weißt, dass sie tüchtig ist.
Sage nicht zu ihr: Wo ist das? Hole es,
wenn sie es an den richtigen Platz gelegt hat."

Betrachten wir die Stellung der Frau in anderen Ländern der damaligen Welt oder in vielen orientalischen Ländern von heute und vergleicht man sie mit der der damaligen Ägypterin, so können wir nur staunen. Die Frau war im alten Ägypten eine gleichrangige Partnerin. Die Frau hatte das Recht auf ein eigenes Grab und auf Grabbeigaben. Die Frau konnte über ihr Vermögen frei verfügen, das auch in der Ehe von dem des Mannes und der gemeinsamen Habe getrennt wurde. Die Frau konnte nach eigenem Ermessen Verträge schließen, zum Beispiel mit Ammen, Gärtnern oder Lieferanten.

Sie konnte ihrem Mann gegen Zinsen sogar Geld leihen. Auch konnte die Frau sich an ein Gericht wenden und Klage einreichen. Frauen wirkten in den Heiligtümern weiblicher Gottheiten und erhielten sogar die gleichen Löhne wie die Männer. Ein Umstand, der auch heute noch in so genannten zivilisierten Ländern nicht selbstverständlich ist.

Aber alle verheirateten Frauen hatten im alten Ägypten eine überaus wichtige Pflicht zu erfüllen: Ihren Ehemännern einen männlichen Nachkommen zu schenken. Mit ihm war für Vater und Mutter jetzt ein Mensch auf der Welt, der in Zukunft ihren Totenkult und damit ihr ewiges Leben garantierte.

Das Reich zerfällt von innen heraus

Mit ihren sieben Königen umfasste die VI. Dynastie den Zeitraum zwischen 2325 und 2155 vor Christus. Ihre zentrale Figur war Pharao Pepi II., der den Thron bereits als Kind bestieg und volle 94 Jahre regierte. Soweit bekannt, ist dies die längste Regierungszeit in der Geschichte. Leider fand diese ungeheuer lange Herrschaft kein gutes Ende. Sie stand am Ausgang des Alten Reiches, am Ende des goldenen Zeitalters. Als Pepi II. den Thron bestieg, ruhte das Alte Reich noch sicher auf seinen Grundfesten. 94 Jahre später war es im Begriff zu zerfallen.

Pepi trat seine Herrschaft unter den besten Vorzeichen an. Ägypten war mächtig, Memphis eine strahlende Hauptstadt. Die Pharaonen der VI. Dynastie ließen sich weiterhin Pyramiden errichten. Sie waren zwar längst nicht mehr so hoch wie jene von Cheops und Chephren, aber dennoch imposante Monumente.

Religiösen Stiftungen räumte der König wie sein Vorgänger Neferikare aus der V. Dynastie besondere Vorrechte ein: Er befreite sie durch Dekrete von der Abgabenpflicht. Diese Politik allerdings war gefährlich. Wie Pepi II. ausgewählten Tempeln Privilegien einräumte und ihnen die Nutzung von Ländereien überließ, die rechtmäßig dem Pharao gehörten, schwächte er kontinuierlich die königliche Macht. Seine Autorität nahm gefährlich ab.

In der Provinz entstand eine Gesellschaftsschicht, die ihren neuen Reichtum bald als selbstverständlich betrachtete. Damit hatte der innere Verfall begonnen. Das mächtige Königreich von Pepi II. wurde ein Koloss auf tönernen Füßen. Das Verhältnis zwischen dem Pharao und den Gauvorstehern war der Schwachpunkt des Staates. Die Könige der V. und VI. Dynastie hatten den Gauvorstehern, um sich ihrer Treue zu versichern, mehr und mehr Privilegien eingeräumt. Nun waren die in ihren Provinzen fest etabliert und bildeten allmählich Kleinstaaten im Staat. Sie zogen es vor, in ihrer Provinz beerdigt zu werden, anstatt im Tode die Nähe des Pharao zu suchen, und sie bemühten sich, ihr Amt erblich zu machen.

Gegen Ende der Regierungszeit von Pepi II. brach das Alte Reich zusammen. Mindestens acht Könige folgten auf den großen Monarchen, doch keiner konnte sich behaupten. Möglicherweise führten schwere Thronfolgeprobleme oder Palaststreitigkeiten zu einer politischen Instabilität, deren wirtschaftliche Folgen für die Ägypter verheerend waren. Der letzte Herrscher der VI. Dynastie und des Alten Reiches war eine Frau, Nitokris.

Herodot, der griechische Klatschreporter, versäumte es nicht, skandalöse Gerüchte über Nitokris zu verbreiten: Sie soll Selbstmord begangen haben, nachdem sie sich an jenen gerächt hatte, die ihren Bruder beseitigt hatten, um ihr die Thronbesteigung zu ermöglichen. Sicher ist, dass Nitokris vor allen Dingen Krisenmanagement betreiben musste. Doch es half alles nichts, der Niedergang war nicht mehr aufzuhalten. Um 2155 vor Christus versank das Alte Reich in den Wirren der ersten Zwischenzeit.

Eines der architektonischen Glanzstücke des riesigen Tempelbezirks zu Kárnak war ein pavillonähnlicher Altartempel des Königs Sesostris I., eines Pharaos im Mittleren Reich, das von 2134 bis 1785 vor Christus dauerte und der XI. und XII. Dynastie zugerechnet wird. Dieses kleine Bauwerk mit seiner klaren Linienführung war aber schon bald nach seinem Tode verschwunden. Die Ägypter selbst hatten es demontiert und seine Steine in den Fundamenten des Großen Tempels zu Kárnak verwendet.

Ein französischer Architekt hat dieses Meisterwerk in geduldiger Kleinarbeit rekonstruiert. Zwei Phänomene fallen an diesem Altartempel auf: Erstens sind die Hieroglyphen an den Wänden von großer Perfektion. Sie verkörpern ganz und gar das Mittlere Reich, das Zeitalter der Klassik der ägyptischen Sprache. Zweitens strahlt dieses Bauwerk wie von innerer Freude, von Harmonie. Es ist der Geist des Königs Sesostris, der in diesem Pavillon seinen Ausdruck findet.

Der Ruf des Königs drang weit über Ägyptens Grenzen hinaus, denn er herrschte im Grunde über die gesamte damals bekannte Welt. Zunächst kämpfte er siegreich gegen die Libyer, dann führte er neun Jahre lang in Asien Krieg und reihte seine Triumphe wie Perlen auf einer Schnur. Nach Ägypten zurückgekommen, ließ er zahlreiche Tempel errichten, Staudämme bauen, Kanäle graben. Unter seiner Herrschaft wurde das Steuersystem gerecht und die Agrarpolitik effektiv. Der Mann wurde zur Legende.

Sesostris I. – 1971 bis 1926 vor Christus – und Sesostris II. – 1878 bis 1841 vor Christus – bildeten den Höhepunkt der XII. Dynastie. Beide Herrscher führten die Staatsangelegenheiten mit strenger Hand, um den Rückfall in eine Zeit zu verhindern, in der das Böse überall gelauert hatte, Wegelagerer die Bevölkerung ausraubten, Dienerinnen ihre Herrinnen bestahlen und Anarchie anstelle Ordnung herrschte. Historiker nennen diese Epoche die erste Zwischenzeit.

Sesostris I. regierte das Land mit der Unterstützung eines Beraterstabs. Der Königshof verfügte über einen Etat, der strengen Kontrollen unterlag. Das Vermögen war groß und wurde sorgsam verwaltet. Die „Schatzmeister Gottes" finanzierten große Projekte und führten gewissenhaft Buch.

Der Pharao hatte eine delikate Angelegenheit erfolgreich zu Ende gebracht: Er schränkte die Privilegien und übergroßen Machtbefugnisse der Gauvorsteher drastisch ein. Er nahm die Zügel des Staates wieder selbst in die Hand, auch wenn einige Provinzfamilien weiterhin reich und mächtig blieben. Wie die Pharaonen des Alten Reiches wählte auch Sesostris I. als Grab eine Pyramide. Sie ist etwa 60 Meter hoch. In den unterirdischen Gängen finden sich technische Neuerungen. Die Pharaonen des Mittleren Reiches liebten es, das Gangsystem so kompliziert zu gestalten, dass regelrechte Labyrinthe entstanden. Wahrscheinlich war das zur Abschreckung von Grabräubern gedacht.

Sesostris III. scheint die Vorrechte der Gauvorsteher noch weiter als sein Vorgänger beschnitten zu haben. Nach seiner Regierungszeit verschwanden die zwischenzeitlich üblichen prächtigen Provinzgräber. Der König hatte seine Allmacht wieder erlangt. Er befestigte das Land im Osten und im Süden. Die Armee hatte Spezialeinheiten zur Grenzüberwachung ausgebildet. Auch Söldner wurden eingesetzt, etwa nubische Bogenschützen. Der Pharao führte seine Armee siegreich bis nach Syrien und Palästina.

Unter den beiden Sesostris erlebte die Goldschmiedekunst eine Blütezeit. In den Gräbern aus dieser Epoche wurden wahre Kleinodien gefunden. Gold, das als Fleisch der Götter galt, und Halbedelsteine waren die beliebtesten Werkstoffe. Am Nil gedieh eine Hochkultur, wie es die Welt noch nie zuvor erlebt hatte.

Die hohe Kunst der Medizin

Unter all den vielen Wissenschaften, die im alten Ägypten gepflegt wurden, war die Medizin wohl die berühmteste. Herodot weiß dazu zu berichten: „Heilkunde wird bei den Ägyptern von Spezialärzten versehen. Jeder Arzt behandelt nur eine Krankheit und nicht mehrere. Ärzte gibt es überall in Menge. Es gibt Augenärzte, Ohrenärzte, Zahnärzte, Magenärzte und Ärzte für innere Krankheiten.“ – Die Ausbildung der Ärzte beruhte auf dem Erwerb praktischer Erkenntnisse, vor allem aber auf dem Studium bereits schriftlich fixierten Wissens. Es existierten zum Beispiel etwa 700 Verordnungen zur Heilung innerer Krankheiten.

Die ägyptischen Ärzte glaubten, dass das menschliche Herz das Zentrum des Organismus sei. Es galt als Sitz der Seele, des Verstandes, der charakteristischen Eigenheiten und des Gefühlslebens. Durch das Herz sprach Gott, über dieses erhielt der Ägypter sein Wissen über Gott und den Willen Gottes. Das Herz war ihrer Meinung nach des Menschen Partner, sprach zu einem in seiner Einsamkeit. Es war gleichzeitig die Maschine, die alle Körperfunktionen in Gang hielt. Vom Herzen aus führten Kanäle in alle Teile des Körpers und verbanden sie. Diese Kanäle leiteten nach dem Glauben der Ägypter nicht nur das Blut, sondern auch Luft, Tränen, Speichel, Schleim, Sperma, Urin, Nahrung und Kot. Ebenso gefährliche Substanzen, die als die Ursachen von Schmerz und Krankheit angesehen wurden.

Für chirurgische Eingriffe verwandten ägyptische Ärzte Messer, Pinzetten und Holz- oder Metallstäbchen. Zum Verbinden von Wunden verwendete man gewöhnlich Leinenbinden, Fäden, Netze und Pölsterchen. Brüche wurden mit Palmblattrippen, Baumrinde, Leinen- oder faserumwickeltem Schilfrohr sowie Holz fixiert. Auf Wunden legten die ägyptischen Ärzte am ersten Tag frisches Fleisch, das sie dann an den folgenden Tagen durch Öl- oder honiggetränkte Binden ersetzten. Schwere oder entzündete Verletzungen ließen sie offen, behandelten sie lediglich mit Öl, kühlten sie und ließen sie trocknen.

Die Messer, mit denen die vorchristlichen Chirurgen Geschwüre öffneten, erhitzten sie über Feuer, um die bei dem Eingriff auftretende Blutung zu stillen. Dass sie damit zugleich Bakterien abtöteten, war ihnen wohl nicht bewusst. Brandblasen oder Warzen durchstachen sie mit einem glühenden Holz- oder Metallstäbchen. Sogar an das Gehirn wagten sie sich. Skelettfunde zeigen offene und nach Operationen wieder verwachsene Schädeldecken.

Auch Zahnfüllungen waren im alten Ägypten bekannt, wenn auch die Malachit- und Harzmischungen nicht von langer Haltbarkeit gewesen sein dürften. Sogar regelrechte Brücken aus Gold- und Silberdraht waren nicht ungewöhnlich. Jedenfalls konnte der ägyptische Patient bei jeder Art von Leiden durchaus auf wirksame Hilfe hoffen, während in anderen Ländern Menschen auf Heilung durch die Güte der Götter hofften.

Feinde von außen

Der Ruhm des Mittleren Reiches war in den Wirren einer Epoche untergegangen, über die wenig bekannt ist. Die zweite Zwischenzeit dauerte etwa 200 Jahre, von 1785 bis 1552 vor Christus. Auf eine Periode der Anarchie folgte eine Invasion. Um 1650 vor Christus fielen Fremde, die Hyksos, im Delta ein. Es waren fremde Völker aus dem Osten, vermutlich Beduinenstämme, die an den Nil drängten, ohne auf große Gegenwehr zu stoßen. Sie brannten Städte nieder, machten die Tempel dem Erdboden gleich, metzelten die Einheimischen nieder oder zwangen sie zur Sklaverei.

Die Hyksos gründeten ihre eigene Hauptstadt, Avaris, eine Festung im Delta. Dort verehrten sie den Gott Seth, dessen Wesen dem asiatischen Gott Baal ähnelte. Die Hyksos übernahmen die Hieroglyphenschrift ebenso wie ägyptische Sitten und sogar ägyptische Namen. So gewöhnte sich die Bevölkerung an ihre Anwesenheit und an ihre Regierung, die sich vermutlich kaum von jener der eher unbedeutenden Herrscher der XIII. Dynastie unterschied.

Zudem brachten die Hyksos ihre höher entwickelten Waffen wie Dolche und Schwerter aus Bronze oder ihre Bögen mit, führten mit Pferden bespannte Streitwagen ein und zogen geschickt angelegte Festungsmauern um ihre Stadt. Die Invasion durch die Hyksos ist also nicht als reiner Eroberungskrieg zu sehen, sondern eher als eine allmähliche Besetzung Nordägyptens mit kleineren Gefechten. So verging ein Jahrhundert, in dem das Land in politische und wirtschaftliche Betäubung versank.

Um 1650 vor Christus ertrug die XVII. Dynastie in Theben die Anwesenheit der Fremdlinge auf ägyptischen Boden, die zudem auch noch Tribut verlangten, nicht mehr. Die Fürsten aus Theben vereinten die Südprovinzen unter ihrer Befehlsgewalt. Ein militärischer Aufstand brach los. Zunächst wurden die Revolten von den Hyksos zwar niedergeschlagen, doch der Funken der Empörung war nicht mehr auszutreten. Die Aufstandsbewegung weitete sich aus. Um 1555 vor Christus kam Pharao Kamose in Theben an die Macht. Er war fest entschlossen, das Land von den Fremden zu befreien.

„Ich fuhr flussabwärts", berichtet der Pharao, „um die Asiaten auf Befehl Amuns, des Guten Beraters, zu stürzen; meine tapferen Soldaten vor mir waren wie ein Feuersturm. Mein Herz war voller Freude. Als es über der Erde hell wurde, stieß ich auf die Feinde herab wie ein Falke."

Es gelang Kamose, die Hyksos durch sein Vorrücken nach Norden in ihre Hauptstadt Avaris zurückzudrängen. Er begann mit der Belagerung. Kamose erwies sich als unerbittlicher Rächer: Die Städte, die mit den Feinden gemeinsame Sache gemacht hatten, ließ er dem Erdboden gleichmachen. Das bedeutete den Untergang aller Feinde Ägyptens, all jener, die vergessen hatten, dass der Pharao allmächtig und mit den Göttern im Bunde ist. Kamose war dabei das Glück hold. Seine Männer fassten einen Boten, den der Anführer der Hyksos mit einer Nachricht nach Nubien gesandt hatte. Darin rief der Hyksos-Führer die Nubier zu einem Bündnis gegen Kamose auf, den er offensichtlich fürchtete.

„Wenn es ihm gelingt, mich zu schlagen," warnte er, „dann wird er auch euch schlagen. Kommt, macht euch sofort auf den Weg nach Norden, zögert nicht länger. Seht, er ist hier, er ist mir schon nahe. Ich werde mich seiner nicht entledigen, bis ihr kommt. Dann werden wir Ägyptens Städte unter uns teilen."

Nubien gab sich also nicht damit zufrieden, das ägyptische Joch abgeschüttelt zu haben. Es beging obendrein noch Verrat! Doch der Herrscher an der südlichen Grenze Ägyptens konnte den Hyksos nicht helfen, zu schwach waren ihre Kräfte. Kamose kehrte also siegreich nach Theben zurück, wo er von einem jubelnden Volk empfangen wurde. Dennoch war sein Sieg nicht vollständig, Kamose gilt in der Geschichte nicht als der Befreier Ägyptens. Dieser Ehrentitel sollte erst seinem Nachfolger Ahmose zukommen, dem Begründer der XVIII. Dynastie und des Neuen Reiches.

Der Beginn des Neuen Reiches

Ahmose, der von 1552 bis 1527 vor Christus herrschte, kann zugleich als letzter Pharao der XVII. und als erster der XVIII. Dynastie gelten. Er verkörperte nicht nur das Ende einer Ära, sondern auch den Beginn jener Periode der ägyptischen Geschichte, über die wir am meisten wissen: das Neue Reich. Es umfasste die XVIII. bis zur XX. Dynastie in der Zeit von 1552 bis 1070 vor Christus.

Kamose war es nicht gelungen, die Festung Avaris zu schleifen. Die Hyksos waren weit nach Norden zurückgedrängt, doch ihre Hauptstadt stand noch. Erst Ahmose gelang es, Avaris einzunehmen. Diesem Ereignis kam so große Bedeutung zu, dass es den Beginn einer neuen Dynastie kennzeichnete. Doch Ahmoses Armee gab sich mit diesem Erfolg nicht zufrieden. Drei Jahre lang belagerten sie die Stadt Scharuhen, eine Festung im südwestlichen Palästina, bevor auch sie eingenommen werden konnte.

Doch auch damit war die Säuberungsaktion immer noch nicht beendet. Schließlich hatte Nubien die Hyksos tatkräftig unterstützt. Ahmose führte seine Truppen also in den Süden und holte Nubien mit Gewalt in den Schoß Ägyptens zurück. Die Armee war getragen von der Welle der Begeisterung. Sie empfand sich als Befreier, der kämpfte, um Ägypten den Glanz vergangener Zeiten wiederzugeben. Ahmose, wieder in Theben, ließ im ganzen Land die Tempel renovieren und dankte damit den Göttern, die auf seiner Seite gestanden hatten.

Die Frauen der Thebanischen Königsfamilie spielten bei der Befreiung Ägyptens eine wichtige Rolle. Ahotep, die Mutter Ahmoses, wurde auch noch nach ihrem Tode verehrt. Sie hatte in Theben einen Aufstand niedergerungen und die Einigkeit in den Rängen der Armee wieder hergestellt. Nach Kamoses Tod und dem Misserfolg des Königs vor Avaris hatte es die Königin geschafft, in die Herzen der Kämpfenden neuen Mut zu pflanzen, bevor Ahmose sie zum endgültigen Sieg führte. Diese starke Frau starb mit über 80 Jahren, ihre Mumie wird im Ägyptischen Museum in Kairo aufbewahrt.

Ahmose heiratete Ahmose Nefertari, und diese Königin wurde noch berühmter als ihre Vorgängerin. Der König pflegte sich häufig ganz offiziell mit ihr zu beraten, sie begleitete ihn oft in aller Öffentlichkeit und ermunterte ihn, endlich wieder die rege Bautätigkeit früherer Pharaonen aufzunehmen.

In diesem Befreiungskampf entwickelte Ägypten ein starkes Bewusstsein seiner Einzigartigkeit und Besonderheit gegenüber anderen Völkern. Zudem entstand an der Spitze der ägyptischen Gesellschaft eine neue Klasse: das Militär. Die von den mächtigen Herrschern des Mittleren Reiches errichteten Befestigungsanlagen hatten die Eindringlinge nicht aufhalten können. Verteidigung allein schien nicht mehr sicher genug.

Die Pharaonen des Neuen Reiches beherzigten diese Lehre und zogen mitunter den Angriff vor, statt den Schlag des Gegners abzuwarten. Das Neue Reich war militärisch orientiert. Krieg und Frieden wechselten sich ab, und so wurde das Neue Reich zur dritten ruhmreichen Periode der ägyptischen Geschichte. Die großen Namen aus jener Zeit sind auch heute noch berühmt: Hatschepsut, Thutmosis III., Amenophis II., Thutmosis IV., Echnaton und Ramses II..

Mehr als 20 Jahre, von 1490 bis 1468 vor Christus, herrschte eine Frau über Ägypten. Hatschepsut war nicht der erste weibliche Pharao. Im Alten Reich und im Mittleren Reich hatte es jeweils eine Königin gegeben. Aber keine war so klug und geschickt wie sie und verfügte über einen so ausgeprägten Sinn für Politik und Diplomatie. Hatschepsut war eine der beiden Töchter des großen Monarchen Thutmosis I. Er lehrte seine Tochter schon früh den Umgang mit der Macht. Die junge Pharaonin erbte zudem den energischen Charakter ihres Vaters.

Hatschepsut heiratete Thutmosis II., einen Sohn ihres Vaters mit einer Nebenfrau. Ihm war allerdings nur eine kurze, dreijährige Regierungszeit beschieden. Sein Tod brachte Ägypten in eine schwierige Lage. Thutmosis II. hinterließ zwei Töchter und einen Sohn, den künftigen Thutmosis II.. Doch der war noch ein Kind und konnte das schwere Amt, das für ihn bestimmt war, nicht erfüllen.

Also übernahm Hatschepsut, noch nicht einmal 20 Jahre alt, die Regentschaft. Als „Tochter des Königs, Schwester des Königs, Gemahlin des Gottes, Große Königliche Gemahlin" erklärte sie, werde sie das Land ganz nach dem Willen ihres Neffen leiten. Doch diese Herrschaft unter einem fremden Namen entsprach nicht der ägyptischen Mentalität. Also beschloss Hatschepsut, König zu werden. König wohlgemerkt, nicht Königin, denn sie ließ sich mit männlichen Merkmalen ausstatten, die sie zu einem ganz gewöhnlichen Pharao machten. Sie trug Männerkleidung, ließ sich den Zeremoniebart anlegen und setzte sich die Doppelkrone aufs Haupt. Zwei Jahre nach dem Tod Thutmosis II. legitimierte sie ihre Macht, indem sie behauptete, ihr Vater, der vielgeliebte Thutmosis I., habe sie noch zu Lebzeiten zu seiner Erbin bestimmt.

Hatschepsut war eine wunderschöne Frau. Eines ihrer schönsten Portraits zeigt uns eine menschenköpfige Sphinx, die im Metropolitan Museum of Art in New York steht. Die Gesichtszüge sind zart und energisch zugleich. Der Anblick ihrer Mumie, die in Karo zu besichtigen ist, fesselt jeden. Das lange Haar ist erhalten, der Ausdruck ihres Gesichtes lässt eine willensstarke Persönlichkeit mit viel weiblichem Charme erkennen.

Hatschepsut regierte in einer Phase des Friedens. Das ermöglichte ihr eine rege Bautätigkeit. Ihr Meisterstück ist der nach ihr benannte Tempel in Deir el-Bahari, im Tal der Königinnen am Westufer Thebens, dem heutigen Luxor. Besucher können in seinen Inschriften die Geschichte ihrer Regierungszeit nachlesen. Dort existierte bereits ein Heiligtum aus dem Mittleren Reich. Die Königin hatte für den Tempel zusammen mit ihrem Baumeister Senenmut einen außergewöhnlichen Plan erdacht. Deir el-Bahari weist eine in der ägyptischen Architektur einzigartige Gestaltung auf: Eine sanft ansteigende Rampe führt zum Tempel, der aus drei übereinander liegenden Terrassen besteht.

Die Königin hatte das Glück, ihren Grabtempel noch zu ihren Lebzeiten fertig gestellt zu sehen. Nachdem Thutmosis III. nach ihrem Tod – aus seiner Sicht endlich – den Thron bestiegen hatte, ließ er einige Kartuschen der Hatschepsut entfernen, ohne jedoch das gesamte Bauwerk zu zerstören. Auch Ramses II. hinterließ hier wie überall in Ägypten seine Spuren, indem er seinen Namen und lobreiche Texte über seine Taten in die Mauern einmeißeln ließ.

Gegen Ende der XX. Dynastie, in einer Zeit des Niedergangs, scheint der Tempel weitgehend aufgegeben worden zu sein. Der heilige Bezirk diente in der Folge Priestern und Priesterinnen des Amun als Friedhof. Königsmumien wurden hier versteckt. Sand und Staub bedeckten einen Großteil des Bauwerks.

Im 5. Jahrhundert nach Christus wurde auf den Ruinen des ägyptischen Heiligtums, das etwa im 2. Jahrhundert nach Christus endgültig von den ägyptischen Priestern aufgegeben worden war, ein Kloster errichtet. Im 8. Jahrhundert nach Christus erlosch alles Leben in diesem Tal, das erst mit den Ausgrabungen im 19. Jahrhundert wieder entdeckt wurde. Heute kann der Tempel in einem Zustand bestaunt werden, der seinem ursprünglichen Aussehen nahe kommt.

In diesem Tempel, der Hathor geweiht ist, der Göttin der Freude und der Liebe, verehrte die Königin ihren Vater Thutmosis I., den großen Gott Amun-Re, doch auch den Sonnengott Re-Harachte und den Gott der Totenriten Anubis.

Wie das Leben von Hatschepsut, der größten Königin Ägyptens, endete, ist unbekannt. Viele Ägyptologen behaupten, dass der junge Thutmosis III., der nach ihrem Tod die Macht übernahm, seine Tante hasste und ihren Namen von den Monumenten tilgen ließ, um die Erinnerung an die Herrscherin auszulöschen. Gegen diese Theorie spricht, dass Thutmosis III. den Tempel zu Deir el-Bahari nicht niederreißen ließ. Thutmosis III. war wohl eher bestrebt, seine eigene Macht zu legitimieren und direkt an die Herrschaft von Thutmosis II. anzuknüpfen, als sämtliche Spuren von Hatschepsuts Regierung auszulöschen.

Hatschepsuts Grab war das erste Grab, das im Tal der Königinnen angelegt wurde. Es ist über 400 Meter tief in den Fels gehämmert und weder mit Texten noch mit Darstellungen geschmückt. Es enthielt die Sarkophage von Hatschepsut und ihrem Vater Thutmosis I.. Als Pharao hatte sich Hatschepsut später ein weiteres Grab im Tal der Könige anlegen lassen. Hapuseneb, der Oberpriester des Amun, kümmerte sich um dessen Ausgestaltung.

Hatschepsuts Vater Thutmosis verdanken wir eine wichtige Neuerung: Er wählte das Tal der Könige als Ruhestätte der Pharaonen. Dieses Tal wurde von kleinen Forts aus bewacht und war für Nichteingeweihte unzugänglich. Aber in unruhigen Zeiten zog dieser magische Ort stets Räuber und Plünderer an, die das Gold der Monarchen lockte.

Die etwa 30 bis 50 Handwerker, die an den Königsgräbern arbeiteten, lebten in einer Siedlung, die „Stätte der Harmonie“ genannt wurde. Diese Männer unterstanden direkt der Befehlsgewalt des Pharaos und seines Wesirs. Diese Zunft bildete ein Eingeweihtenkollegium, das nach ehernen Regeln lebte.

Der „Napoleon Ägyptens“

Der dritte Thutmosis wurde zu einem der bedeutendsten Könige des alten Ägyptens. Er zog gegen die Feinde im Norden und unternahm 16 weitere Feldzüge, die ihm Ruhm und seinem Reich viele Vasallen einbrachten. Er verdiente sich den Beinamen „Napoleon Ägyptens“.

Die zahlreichen Feldzüge des Pharaos erforderten eine große und disziplinierte Armee. Die Pharaonen im Neuen Reich, deren Politik von Eroberung und Intervention geprägt war, verfügten über eine echte Berufsarmee, die von bewährten Befehlshabern geführt wurde. Die Armee entwickelte sich mit der Zeit zu einer gewissermaßen privilegierten Klasse. Schließlich schmückte die Beute, die sie von ihren Feldzügen mitbrachte, die Tempel und bereicherte die gesamte Gesellschaft.

In dieser Berufsarmee waren sowohl Ägypter als auch Fremde zu finden. Das Gros der Bewaffneten aber bestand aus Fußtruppen. Die kleinste Einheit war ein Zug von 50 Männern. Jede Gruppe stand unter dem Kommando eines Standartenträgers. Die Fußsoldaten trugen einen kurzen Schurz und schützten ihren Leib durch ein Stück Leder. Rüstungen aus Leder und Bronze waren noch nicht die Regel. Die fremdländischen Soldaten trugen meist runde Schilde, lange Schwerter und Helme.

Unter den Elitetruppen sind vor allem die Wagenlenker hervorzuheben. Diese Männer spielten bei Kriegen und Auseinandersetzungen eine zentrale Rolle. Der ägyptische Streitwagen war mit zwei Kriegern bemannt und wurde von zwei Pferden gezogen. Einheiten mit jeweils 25 Streitwagen wurden von einem Anführer befehligt, der die Anweisungen seinerseits vom Obersten Truppenführer erhielt. Mit der Einführung dieser militärischen Neuerung wurde eine spezielle Versorgungsstruktur erforderlich: Der Vorsteher der Pferde und der Vorsteher der Stallungen wachten über die Instandhaltung der Fahrzeuge und die Pflege der Tiere. Auch der König selbst kämpfte auf einem prachtvollen Streitwagen.

Die Belagerungsgeräte vor feindlichen Städten wurden von Pioniertruppen aufgebaut. Den eigentlichen Angriff führte man mit Sturmböcken und Leitern durch. Neben den rein militärischen Aufgaben wurde die Armee auch zum Schutz der Arbeiter eingesetzt, die zu den Steinbrüchen unterwegs waren oder Baumaterial transportierten. Kehrten die Soldaten nach Ägypten zurück um ihre Laufbahn zu beenden, wurden sie in Naturalien entlohnt – die Tapfersten bekamen Goldgeschenke – und erhielten Felder und kleine Landgüter.

Das Ende der Regierung des Thutmosis III. verlief ruhig. In den letzten zwölf Jahren seiner Herrschaft sind keine Asienfeldzüge mehr bekannt. Die unterworfenen Gebiete entrichteten dem ägyptischen Königshof regelmäßig ihren Tribut. Die Reichtümer mehrten sich, der Luxus wurde zur Selbstverständlichkeit. Der Ruhm des Pharaos war groß, Ägypten war der Herrscher der Antiken Welt. Das Land verfügte über ein unbesiegtes Heer und galt als strahlende Kulturnation.

Thutmosis III. ernannte schließlich seinen Sohn Amenophis II. zum Mitregenten, um ihn in die Staatsgeschäfte einzuführen. Als der große Pharao um 1436 vor Christus im Alter von mindestens 60 Jahren starb, erstreckte sich sein Reich vom Euphrat bis zum Sudan. Das ist die größte Flächenausdehnung, die das Reich je erreicht hat.

In einer Hymne auf den Pharao heißt es: „Die Grenze seines Landes im Süden reicht bis zum Gipfel der Erde, seine Nordgrenze bis zu den Rändern Asiens, bis zu den Stützen des Himmels. Die Götter haben dem König versprochen, ihm die Erde bis zu ihren Grenzen zu schenken. Der Ozean ist in seiner Faust eingeschlossen. Der König ist ein Stier mit stolzem Herzen, der das Universum beherrscht.“

Das Grab des Thutmosis III. im Tal der Könige rühmt etwa 740 Gottheiten, die alle in der Grabkammer abgebildet sind. So erwies der König allen göttlichen Kräften die Ehre, die ihn bei seinem Lebenswerk unterstützt hatten.

Der Glaube ans Jenseits

Die Beschwerden, die den Menschen im Alter plagen, schildern die Schriften des Ptahhotep sehr anschaulich:

> „Das Greisenalter ist gekommen,
> Gebrechlichkeit hat sich eingestellt,
> Schwäche und immer wieder Müdigkeit.
> Einem Kind gleich schläft man all den Tag.
> Die Augen sind schwach, die Ohren taub,
> die Kraft nimmt ab durch Müdigkeit.
> Der Mund schweigt still und spricht nicht mehr,
> das Herz ist leer und erinnert sich nicht mehr,
> und die Knochen schmerzen durch und durch.
> Was einst so gut ist schlecht geworden,
> und schmackhaft finde ich nichts mehr.
> Fürwahr: Was das Alter den Menschen antut,
> ist schlecht in jeglicher Hinsicht.“

Jedes Wort, jede Zeile klingt auch heute noch aktuell. Um ein hohes Alter zu erreichen, musste der Mensch nach Ansicht der Ägypter ein gerechtes Leben geführt haben und in Harmonie mit der Natur sowie mit seinen Mitmenschen gelebt haben. An ein endgültiges Lebensende glaubten sie nicht. Aus Erfahrungen wussten sie, dass die im heißen Wüstensand bestatteten Körper ihrer Vorfahren gut erhalten blieben und über Jahrzehnte hinweg ihre Gestalt bewahrten. Deshalb glaubte man, die Erhaltung des Körpers sei eine Bedingung für die Rückkehr der Seele, die sich im Augenblick des Todes vom Körper getrennt hatte.

Der Glaube an die Auferstehung, der in Ägypten herrschte, ging von Beobachtungen aus, die die Ägypter in der Natur machten. Die Sonne stirbt zwar täglich im Westen, doch wird sie im Osten jeden Tag aufs Neue geboren. Das in die Erde geworfene Saatkorn stirbt nur scheinbar, denn binnen kurzem sprießt aus ihm neues Leben hervor. Auch in den Mythen fanden sie eine Bestätigung für die Auferstehung, besonders im Mythos vom guten König Osiris: Dessen neidischer Bruder Seth hatte ihn erschlagen, seinen Leichnam zerstückelt und über ganz Ägypten verstreut. Osiris' getreue Gemahlin Isis sammelte dann die Teile seines toten Körpers wieder ein, fügte sie aneinander und belebte ihn, wobei ihr andere Götter halfen.

Die Ägypter, egal ob reich oder arm, liebten ihr paradiesisches Niltal und fühlte sich woanders nie so glücklich wie dort. Starb ein Ägypter im Ausland, setzten seine Verwandten alles daran, seinen Leichnam in die Heimat zu überführen. Auch nach dem Tod sollte sein Leben in einer gewohnten Umgebung weiter gehen. Dienerfiguren, so genannte Uschebtis, hatten für den Verstorbenen im Jenseits zu arbeiten, damit dieser ungestört die Freuden des Paradieses genießen konnte.

Der Glaube an ein Leben im Jenseits war der Grund, weshalb jeder Mann, der es sich leisten konnte, für sich und die als eine ewige und wirkliche Heimstatt ein Grab zu errichten suchte. Auch die Ärmsten, die sich den Luxus eines steinernen Grabes am Rande der Wüste nicht leisten konnten, hegten die feste Hoffnung, dass ihr Körper, in Matten, Stoff oder Tierhäute gewickelt und dem heißen Sand übergeben, dank der natürlichen dörrenden Wirkung erhalten blieb. Hier konnten ihre Nachkommen dann von Zeit zu Zeit über dem Leichnam beten und magische Sprüche rezitieren.

Nach ägyptischen Vorstellungen ging dem Tod, dessen Schutzherrin die Göttin Sachmet war, eine gefährliche Zeit voraus, in der sich die Ka – die Seele – vom materiellen Körper trennte und außerhalb von ihm lebte. Erst wenn die Priester und die Hinterbliebenen den Körper rituell gereinigt, durch die Mumifizierung vor dem Verfall bewahrt und ihn bestattet hatten, konnte die Seele wieder in ihn einziehen.

Alle am Verstorbenen vollzogenen rituellen Handlungen dauerten 70 Tage, also genau so lange, wie Sirius, der wichtigste Stern am ägyptischen Firmament, brauchte, um am Horizont zu verschwinden, also zu sterben. Das Bestattungsritual war kompliziert und hing von der gesellschaftlichen Stellung des Verstorbenen ab.

Herodot berichtet darüber: „Stirbt in einem Hause jemand aus den besseren Ständen, so bestreichen sich die Weiber im Trauerhause alle den Kopf oder auch das Gesicht mit Kot. Dann lassen sie die Leiche im Hause und ziehen kurz geschürzt mit entblößtem Busen in der Stadt herum, wobei sie sich an die Brust schlagen, und mit ihnen alle ihre weiblichen Verwandten. Ebenso schlagen sich auch die Männer an die Brust, auch sie kurz geschürzt.“

Griechische Autoren berichten, dass die so genannten Paraschisten, denen das Aufschneiden des Leichnams oblag um die Innereien zu entnehmen, am Lebensende gesteinigt worden seien. Hier dürfte wohl eher der Mythos der symbolisch-rituellen Bestrafung des Seth fehlinterpretiert worden sein, der der Sage zufolge den Körper des Osiris geschändet hatte. Die herausgenommenen Eingeweide wurden sorgfältig in Natron gewaschen, getrocknet und, in Harz getaucht, entweder in Holzkästen oder in hölzerne Miniatursärge gelegt. Meist jedoch kamen sie in steinerne Krüge, den Kanopen.

Die Balsamierung war kein bloßer technischer Vorgang, sondern wurde von einem ausgeklügelten Ritual begleitet, das an das Vorgehen des Anubis bei der Auferweckung des Osiris erinnerte. Jede Handlung der Balsamierer war mit dem Rezitieren entsprechender Gebete verbunden, die genauso wichtig waren wie die ordnungsgemäß vollzogene Handlung selbst.

Das wichtigste Ritual, die Öffnung des Mundes, war für das künftige Leben der Mumie unerlässlich. Der Priester berührte das Gesicht der Mumie mit einer Art Meißel und rieb es anschließend mit Milch ein. Mit dieser Handlung sollten die Sinne und körperlichen Funktionen des Verstorbenen wiederbelebt werden. Abschließend umarmte der Priester die Mumie, wodurch sie ihre Seele wiedererlangen sollte. Nun konnte dem Verstorbenen der Opfertisch mit Brot, Fleisch, Wein, Obst und Gemüse bereitet werden. Und der Priester forderte den Verstorbenen zur Annahme der Opfergaben auf, zu denen auch die Gegenstände der Grabausrüstung gehörten.

Auch nach der Beisetzung hielt die Sorge um den Dahingeschiedenen an. Dem Totenkult der verstorbenen Könige dienten nur für diesen Zweck errichtete Totentempel, die von eigens gegründeten Stiftungen versorgt wurden. Sie verfügten über spezielle Totenpriester, die sich um das Grab kümmerten und dem Verstorbenen täglich Speise und Trank auf dem Opferalter darbrachten, heilige Texte rezitierten und den Wirtschaftsbetrieb der Totenstiftung verwalteten.

Jeder Ägypter glaubte fest daran: dem Verstorbenen werde ein ewiges Leben zuteil. Aber das war nicht garantiert. Mannigfaltige Gefahren lauerten auf die Seele auf ihrer Reise in die Unterwelt. Zu ihrer Überwindung dienten Anweisungen und Sprüche in den Pyramidentexten, den Sargtexten und den Totenbüchern. Im Angesicht des strengen Unterweltgottes Osiris erwartete einen jeden das Totengericht. Hierbei wurde das Herz des Verstorbenen, das von möglichst vielen guten Taten erzählen konnte, von der Maat, der Göttin der Wahrheit, geprüft. Selig war, wer guten Gewissens von sich sagen konnte, dass er sein ganzes Leben lang in Gerechtigkeit, dem strengen altägyptischen Sittenkodex entsprechend, gelebt hatte.

Nofretete und Echnaton

Es waren friedliche, glorreiche Zeiten, die jetzt in Ägypten anbrachen. Die Pharaonen Amenophis II., Thutmosis IV. und Amenophis III. mehrten den Ruhm und den Reichtum des Landes. Das Reich stand auf dem Gipfel von Macht und Wohlstand. Der Pharao war die Sonne, die hinter seinem Thron aufgeht. Das änderte sich erst, als Amenophis IV., der sich bald Echnaton nennen sollte, die Herrschaft übernahm. Er war einer der rätselhaftesten Gestalten unter den Pharaonen und verdient es, sich ausführlicher mit seinem Schicksal zu beschäftigen.

Es muss im Januar 1350 vor Christus gewesen sein, als Nofretete und Amenophis IV. auf einem goldenen, zweirädrigen Wagen von Theben in Richtung Norden fuhren und auf halbem Wege nach Memphis am Ostufer des Nils gegenüber der Stadt Hermopolis Halt machten. Nach einem bis ins Detail vorbereiteten Ritual markierten der König und die Königin mit Hilfe dreier Steinsäulen ein zehn mal vier Kilometer großes Areal und opferten auf einem eigens errichteten Altar Brot, Bier, Rinder, Kälber, Vögel, Wein, Früchte, Weihrauch und kühles Wasser. Dann sprach der Pharao zu seinem Hofstaat:

„Seht, Aton hat diese Stadt Achetaton gewünscht. Sie soll ein Denkmal sein für ihn bis in alle Ewigkeit... Ich werde Achetaton bauen für Aton, meinen Vater, an diesem Ort... Und die Königin soll nicht zu mir sagen: ‚Sieh doch, es gäbe einen schöneren Ort für Achetaton an einer anderen Stelle' – ich würde auf sie hören....Wenn ich in einer Stadt nördlich, südlich, westlich oder östlich sterbe in Millionen von Jahren, bringe man mich und begrabe mich in Achetaton. Wenn die große königliche Gemahlin Nofretete in einer Stadt im Norden, Süden, Westen oder Osten in Millionen Jahren stirbt, so bringe und begrabe man sie in Achetaton. Wenn die Prinzessin Merit-Aton stirbt, so bringe und begrabe man sie ebenfalls hier.

Man mache außerdem eine Nekropole für den Mnevis-Stier in der östlichen Bergkette von Achetaton und man begrabe ihn darin. Man baue Grabanlagen für den Größten der Schauenden, die Gottesväter des Aton und die Diener des Aton im östlichen Gebirge, man mache Gräber für alle Beamte und alle Bürger in der Bergkette des Ostens..."
So sprach der Pharao, und dem Hofstaat, bestehend aus Beamten und Generälen, die auf dem Bauch liegend

seinen Worten lauschten, erschien es, als sprach der Sonnengott Aton selbst zu ihnen.

Mit dieser Zeremonie, die uns aus aufgefundenen Schriften genau überliefert ist, begann ein gigantisches Städtebau-Projekt. Es grenzt an ein Wunder, wie die neue Hauptstadt des ägyptischen Weltreichs in nicht viel mehr als zwei Jahren aus dem Wüstenboden gestampft wurde. Wie es möglich war, in dieser kurzen Zeit Versorgungseinrichtungen zu schaffen, Wege, Straßen Hafenanlagen, Wirtschaftsbetriebe und fruchtbare Felder am Westufer des Nils anzulegen, ist kaum vorstellbar. Kurzum, es war eine Meisterleitung in Planung und Ausführung.

Zentrum der Traumstadt Achetaton, die von einer Prachtavenue in Nord-Süd-Richtung durchzogen wurde, war der königliche Palast. Er war in einer leichten, luftigen Bauweise errichtet, mit vielen Säulen und einladenden Innenhöfen und bis auf die Säulen und Fundamente in Nilschlammziegeln ausgeführt.

Alle Gebäude waren nach streng hierarchischem Prinzip angeordnet. Nach ihrem Rang gruppierten sich um den Palast der königlichen Familie die Häuser der adligen Würdenträger, Höflinge und Beamten. Deutlich abgesondert von der bürgerlichen Oberschicht und schier unerreichbar für das gemeine Volk.

Die Bewohner von Achetaton hatten jedoch täglich Gelegenheit, ihren König und die schöne Nofretete zu sehen: wenn die beiden vom Palast her die Königsstraße über eine Hochbrücke überquerten, um den Regierungssitz, ihren Thronsaal und die große Säulenhalle zu erreichen. Diese überdachte Hochbrücke hatte eine Öffnung, das so genannte „Fenster der Erscheinung“. An diesem Fenster zeigte sich das Herrscherpaar allmorgendlich zusammen mit den Kindern und nahm die Huldigungen des Volkes entgegen.

Als der Bau der neuen Metropole Achetaton, das heute Amarna heißt, in Angriff genommen wurde, änderte Amenophis IV. seinen Namen in Echnaton. Das bedeutete: dem Aton gefällig. Dem Sonnengott Aton, als dessen Prophet sich der Pharao ausgab.

Die Macht der Priester

Amenophis IV. bestieg den Thron im Jahre 1364 vor Christus im Alter von 15 Jahren. Wahrscheinlich war er zu dieser Zeit bereits mit Nofretete verheiratet, deren Name „Die Schöne ist gekommen“ bedeutet. Sie war eine gebürtige Ägypterin, wahrscheinlich war sie die Tochter eines hohen Würdenträgers bei Hofe. Eigentlich hätte der neue König die Erbprinzessin ehelichen müssen. Vermutlich aber hatten die wirklichen Machthaber Ägyptens diese Vermählung bestimmt, die sich dann zu einer tiefen Liebe zwischen zwei außergewöhnlichen Menschen entwickeln sollte.

Die ersten Götter, die die alten Ägypter anbeteten, waren Katzen, Kühe und Widder, allesamt Haustiere, die wegen ihrer Stummheit zugleich geliebt und gefürchtet wurden. Das war in prähistorischer Zeit. Später, als aus den Nomaden des Niltals sesshafte Bauern geworden waren, deren Leben in Abhängigkeit von den Naturgewalten verlief, stiegen die Götter gen Himmel und nahmen die Gestalt von Sonne, Mond und Sternen an. In ihrem Abbild vermischte sich Menschliches mit Tierischem.

Schon früh stellten die Nillandbewohner die Frage nach dem Ursprung der Welt, und sie beantworteten sie, indem sie eine Gottheit erdachten, die sie Atum nannten, „das All". Sie war eine Gottheit, die sich selbst erschuf und sich selbst befruchtete. Sie war für die Entstehung eines großen Götterhimmels mit an Frivolität nicht zu überbietenden Familienverhältnissen verantwortlich.

Der Gegensatz von Leben und Tod übte auf das ägyptische Denken eine ungeheure Faszination aus. Da ist auf der einen Seite Osiris, der Sterbende und Wiederauferstehende, dessen Schicksal jeder Ägypter zu teilen hoffte. Auf der anderen Seite stand Re, der Fruchtbarkeit und Leben Spendende, zu dem jeder in Ägypten in Dankbarkeit und Liebe betete.

Re, die Sonne, nahm zunächst die Symbolform eines über dem Himmel kreisenden Falken, des Horus, an und wurde in historischer Zeit als menschliche Gestalt mit Horuskopf und krönender Sonnenscheibe abgebildet. Der Beiname dieses Re lautete: Re-Harachte, und mit Beginn des Mittleren Reiches sog dieser Re-Harachte immer mehr lokale Gottheiten auf, wobei die Fusion mit dem thebanischen Gott Amun die bedeutendste und folgenschwerste war.

Amun, der Verborgene, war seit der ersten Hälfte der XI. Dynastie in Theben verehrt worden. Er wurde als widderköpfige Menschengestalt mit hoher Federkrone und krönender Sonnenscheibe versinnbildlicht. Die Verbindung mit Re machte ihn zum „König der Götter", der seine größte Verehrung in drei nahe beieinander liegenden Orten erfuhr: In Kárnak, Luxor und Medinet Habu. Dort hatte sich eine mächtige Theokratie konstituiert, eine Priesterkaste, die den Amun-Kult zunehmend ausweitete, immer mehr Feste einführte und auch in politischen Fragen Anspruch auf Mitbestimmung erhob. Politische und sakrale Ämter wurden in zunehmendem Maß miteinander verknüpft.

Amenophis IV. und Nofretete verfolgten das Treiben der Priester mit Misstrauen, ja sie fürchteten, die Amun-Priester könnten einen totalitären Gottesstaat einführen. Mit unglaublicher Raffinesse verstanden es die Tempeldiener, politische Entscheidungen durchzusetzen. Wenn die Priester bei offiziellen Anlässen kahlköpfig und halbnackt, nur mit einem Leopardenfell bekleidet, ihr Götterbild in einer verhüllten Barke durch die Stadt schleppten, so ergab es sich wie zufällig, dass die Barke vor einem bestimmten Ort oder einer bestimmten Person haltmachte, was prompt als Fingerzeig Amuns gedeutet wurde. Auf diese Weise wurde einst auch Hatschepsut zur Königin bestimmt. Es wird die junge Frau einige Opfer an die Götter und vor allem an die Priester gekostet haben. Fest steht jedenfalls, dass es Spannungen gab zwischen dem regierenden Herrscherhaus auf der einen und dem „Türöffner des Himmels“, dem Hohepriester des Amun, und seinen Propheten auf der anderen Seite.

Es musste also, um die immer mächtiger werdenden Amun-Priester in die Schranken zu verweisen, ein neuer Gott her, ein Konkurrenz-Gott. Was lag näher, sich wieder auf Re-Harachte zu besinnen. Der wurde von nun an nicht mehr mit menschlichem Körper und Falkenkopf abgebildet, sondern als Abbild seiner ursprünglichen Bedeutung, als Sonnenscheibe. Und fortan wurde er Aton genannt. Das einzige Zugeständnis an die alte bizarre Göttermythologie mit ihren Mischwesen und Symbolen sind die Strahlenarme Atons, die in langfingrigen Händen auslaufen. Nofretete und Echnaton machten Schluss mit den alten Kultstellen, um ungestört die Macht in Ägypten auf sich zu zentrieren.

An Echnatons Seite spielte Königin Nofretete eine bedeutende Rolle. Die Königin setzte sich für die neue Religion ebenso nachdrücklich ein wie ihr Gatte. Nofretete nahm aktiv an den heiligen Ritualen teil und war Oberpriesterin eines speziellen Heiligtums, in dem der Sonnenuntergang zelebriert wurde.

Nofretete wurde zudem zum Schönheitsideal der ägyptischen Frau. Die beiden hervorragenden Portraits, die wir von ihr besitzen, eines ist in Berlin, das andere in Kairo zu bewundern, haben noch heute eine Faszination, der sich niemand entziehen kann.

Diese Königin war dabei auch Mutter. Sie gebar sechs Töchter. Die Liebe zu ihren Kindern und zur Familie war bei ihr wie auch bei Echnaton sehr ausgeprägt. Die Familie war in Ägypten Symbol des göttlichen Lebens. Oft ließen sich Echnaton und Nofretete in liebevoller Haltung mit ihren Kindern verewigen. Eine berühmte Statue zeigt Echnaton, wie er eine der Töchter küsst. So etwas hatte es in der ägyptischen Kunst zuvor nicht gegeben. Auf einem anderen Flachrelief weinen König und Königin am Sarg ihrer zweiten Tochter Maketaton. Wie sehr Echnaton seine Frau liebte, wird durch seine große Hymne an Aton deutlich, die mit einer Liebeserklärung an die Königin endet;

> „Das Antlitz klar,
> Fröhlich geziert durch die Doppelfeder,
> Gebieterin des Glücks,
> Eignerin aller Tugenden,
> Mit einer Stimme, an der man sich erfreut,
> Herrin der Anmut, reich an Liebe,
> Deren Gefühle den Gebieter der Zwei Länder
> Beglücken.

Die Große und vielgeliebte Gemahlin des Königs,
Herrin der Zwei Länder, deren Name ist
Schön-sind-die-Schönheiten-Atons,
Die-Schöne-ist-gekommen,
Sie lebe ewiglich."

Im Jahr des Umzugs nach Amarna brachte Nofretete ihre vierte Tochter zur Welt, Neferneferuaton Tascherit. Die fünfte Tochter ließ dann drei Jahre auf sich warten, und die sechste folgte nach weiteren zwei Jahren. Mit 28 Jahren war Nofretete bereits sechsfache Mutter. Historisch nachweisbar wird der Bruch zwischen Nofretete und Echnaton im 13. Regierungsjahr, also um 1350 herum. Kurz zuvor war Maketaton, die zweitälteste Tochter, im Alter von nur neun Jahren gestorben. Die Trauerszene im Königsgrab von Amarna ist die letzte Darstellung der Nofretete, von da an wird die Königin totgeschwiegen.

Eine neue Hauptstadt zu gründen und eine neue Religion zu verbreiten waren große Aufgaben. Da traten die übrigen Pflichten des Pharao logischerweise in den Hintergrund. Eine dieser Pflichten hätte allerdings durchaus seine Aufmerksamkeit verlangt: die Führung Ägyptens. Echnaton war sich zwar durchaus der Existenz anderer Völker, anderer Länder bewusst. Doch sie waren seiner Meinung alle abhängig von Aton, der sie geschaffen hatte. Er verabscheute den Krieg und zog es vor, eine Politik des gegenseitigen Beschenkens weiterzuführen. Er hatte den festen Glauben, der Nimbus Ägyptens werde genügen, um das politische Gleichgewicht im Vorderen Orient aufrechtzuerhalten.

Doch dieser Glaube war trügerisch. Die Lage entwickelte sich zu Ägyptens Ungunsten. Als die Karawanen des Königs von Babylonien, einem Verbündeten des Pharaos, ausgeraubt wurden, verlangte der Herrscher aus dem Norden Entschädigung. Echnaton galt schließlich als Beschützer seiner Vasallen. Doch dieser Aufgabe scheint er nicht gerecht geworden zu sein. Für die Hethiter, der zweiten Großmacht jener Zeit, die in der heutigen Türkei ihre Herrschaft ständig in Richtung Osten ausdehnten, war es ein leichtes, die Verbündeten Ägyptens auf ihre Seite zu ziehen. Die Wirkung war verheerend. Aton, der an die Stelle des mächtigen Amun-Res treten sollte, wurde für die Ägypter zum Symbol der zunehmenden Schwächung ihres Landes, die vermutlich mit wirtschaftlichen Schwierigkeiten einherging.

Das Ende der Regierung Echnatons bleibt ein Geheimnis. Vielleicht befiel den König eine Depression, vielleicht übermannte ihn der Wahnsinn. Der Tradition entsprechend ernannte der König einen Mitregenten, um ihn in die Kunst des Herrschens einzuführen. Der war ein gewisser Semenchkare und der schwor demonstrativ dem Aton-Glauben ab. Als im 17. Regierungsjahr des Echnaton der Pharao und sein Mitregent, denen ein erotisches Verhältnis nachgesagt wurde, gleichzeitig starben, lag die Verantwortung des Aton-Glaubens allein auf Nofretetes Schultern.

Doch die Königin war, wie schon erwähnt, in den letzten Lebensjahren Echnatons mit dem Pharao zerstritten. Ihr Einfluss hatte unter dem Zerwürfnis mit ihrem Gatten gelitten. Einsam in ihrem nördlichen Palast von Amarna war sie nicht mehr in der Lage, die Rolle der Führerpersönlichkeit zu übernehmen. Nach dem frühen Tode Echnatons sah Nofretete nur noch eine Chance, ihre frühere Macht zurück zu gewinnen. Sie wandte sich mit einer Botschaft ausgerechnet an den gefährlichsten Widersacher Ägyptens, den Hethiter-König Suppiluliuma.

Nofretete schrieb: „Mein Gatte ist tot, und ich habe keinen Sohn. Die Leute sagen, dass deine Söhne erwachsen sind. Wenn du mir einen deiner Söhne schickst, wird er mein Gatte werden, denn ich will keinen von meinen Untertanen nehmen, um ihn zu meinem Gatten zu machen. – Die Königin."

Nur eine reife, kluge, emanzipierte Frau wie sie konnte es wagen, so zu handeln. Selbst Suppiluliuma, der Hethiter-König, war verblüfft über ihr Anliegen und schickte erst einmal seinen Kammerherrn Chattu-Zitisch nach Ägypten, um nachzuforschen, ob das Ganze nicht eine List sei. Für Nofretete aber wurde die Zeit immer knapper. Innerhalb von 90 Tagen musste der Pharao bestattet und ein Nachfolger gefunden werden. Als Suppiluliuma aus Ägypten erfuhr, dass wirklich ein Prinz gebraucht wurde, schickte er seinen Sohn Zannanza. Doch der wurde auf der Reise ermordet. Damit hatten sich alle Pläne Nofretetes zerschlagen.

Es schien, als hielte Ägypten den Atem an. Echnaton, der Pharao, Herrscher und Despot, Priester und Prophet, war tot. Ein männlicher Nachkomme, ein möglicher Nachfolger fehlte. Der Hethiter-Prinz Zannanza, war ermordet. So kam wieder einmal einer Frau die Aufgabe zu, die Dynastie zu erhalten. Nofretete hatte nach der Ermordung des ihr als Ehegemahls zugedachten Zannanza keine Hoffnung mehr auf den Thron. Nicht sie wurde neue Königin, sondern Anchesenpaton, ihre dritte Tochter, die ihr Vater Echnaton noch in seinem vorletzten Regierungsjahr geehelicht hatte. Ob es eine Absprache zwischen Mutter und Tochter gab, ob die Mutter der Tochter unter dem Druck des Militärs den Vortritt lassen musste – wir wissen es nicht. Wir wissen nur, dass Anchesenpaton, die 13-jährige Tochter und Witwe Echnatons um das Jahr 1346 den elfjährigen Prinzen Tut-anch-Aton ehelichte.

Wer war dieser Knabe? Vielleicht war er ein illegitimer Sohn der Teje, der Mutter des Echnatons. Das würde aber die Frage aufwerfen, wer sein Vater gewesen war. Amenophis III. kann es nicht gewesen sein, er starb mindestens sechs Jahre vor Tut-anch-Atons Geburt. Es gibt hier auch Spekulationen um eine Liaison zwischen Echnaton und seiner Mutter Teje.

Der schwache Pharao Tut-anch-Amun

Der elfjährige Pharao und seine nur wenig ältere Gemahlin waren in Wahrheit nichts weiter als Marionetten in den Händen ihrer Berater. Zu ihnen gehörte Eje, seit zwei Königsgenerationen die graue Eminenz am Hofe des Pharaos. Er hatte die höchsten Staatsämter inne, das des Wesirs und das des Reichsverwesers. Geschickt verstand er es, Schlüsselpositionen im Staat mit Verwandten zu besetzen.

Der schwindende Einfluss bei den Vasallenvölkern an den Grenzen des Reiches ließ bei den Bewohnern des Nillandes die Rufe nach einer schlagkräftigen Armee immer lauter werden. Der zweite Strippenzieher im Reich hieß Haremhab, ein karrieresüchtiger Offizier und grausamer Haudegen. Er war in dieser Situation der richtige Mann für das Amt des Generals und leitenden Ministers. Und so blieb Tut-anch-Aton, dem Kindkönig, als einzige Aufgabe nur das Repräsentieren.

Bevor er Achetaton den Rücken kehrte, scheint sich Tut-anch-Aton um die Restaurierung der alten Tempel gekümmert zu haben. Und bevor er seinen Namen in Tut-anch-Amun änderte, ließ er auf einem Quarzstein folgendes notieren: „Er festigte, was verfallen war unter den Denkmälern bis an die Grenzen der Ewigkeit. Er vertrieb das Sündige im ganzen Land, indem die Wahrheit auf ihrem Platz bleibt. Er lässt die Lüge ein Abscheu und das Land wie in seiner Urzeit sein.

Es bestieg Seine Majestät den Thron als König, als die Tempel der Götter und Göttinnen von Elephantine bis zu den Marschen des Deltas im Begriff waren, vergessen zu werden und ihre Heiligtümer anfingen zu vergehen, indem sie Schutthügel wurden, mit Kraut bewachsen. Und ihre Allerheiligsten waren, als seien sie nie gewesen, und ihre Gebäude ein Fußweg. So machte das Land eine Krankheit durch, und die Götter vernachlässigten dieses Land. Wenn man Soldaten nach Syrien schickte, um die Grenzen Ägyptens zu erweitern, so hatten sie nie irgendeinen Erfolg. Wenn man einen Gott anflehte, um von ihm etwas zu erbitten, so kam er nicht; und wenn man ebenso eine Göttin anrief, so kam sie nicht. Die Herzen der Menschen waren schwach, und sie hörten auf zu schlagen."

Tut-anch-Amun und seine Frau, die sich nun Anch-es-en-Amun nannte, haben wohl der Stimmung des Volkes Rechnung getragen, denn die brisante außenpolitische Lage führten die Ägypter auf die Ächtung der alten Götter zurück. Also zogen sie von Amarna zurück nach Memphis. Tut-anch-Amun installierte unter Mithilfe seiner Berater eine neue Priesterschaft, stellte dazu eigene Hofbeamte und verteilte Pachtland an die Tempelstätten. Er führte Zeit seines Lebens keinen einzigen Feldzug durch. Dies veranlasste den Entdekker seines Grabes im Tal der Könige, den Engländer Howard Carter, zu der zynischen aber richtigen Bemerkung, dass das einzig Bemerkenswerte an seinem Leben darin bestanden habe, dass er starb und begraben wurde.

Dieses Begräbnis nach neunjähriger Regierung scheint überaus schlicht gewesen zu sein. Das ist nur durch seinen unerwartet frühen, möglicherweise gewaltsamen Tod zu erklären. Aber trotzdem war die Entdeckung dieser letzten Ruhestätte des Pharaos die größte archäologische Sensation des vergangenen Jahrhunderts. Denn bis heute ist es das einzige entdeckte Pharaonengrab, das der Nachwelt unberührt erhalten blieb.

Anch-es-en-Amun, nicht viel älter als 20 Jahre, war nun zum zweiten Mal Witwe geworden. Sie hatte während ihrer Ehe mit Tut-anch-Amun zwei Frühgeburten, beide waren Mädchen. Ihre Mumien wurden nach alter Tradition dem Vater mit ins Grab gegeben. Und damit schien das Ende der XVI-II. Dynastie besiegelt. Doch das Unglaubliche geschah. Der über 70-jährige Reichsverwalter Eje, der nun bereits den dritten Pharao überlebt hatte, freite die junge Witwe Anchesenamun. Noch einmal war die Dynastie gerettet, noch einmal blieb das Blutsband in direkter Linie erhalten, noch einmal wurde die dritte Tochter Nofretetes Königin von Ägypten.

Vier Jahre lang regierte Pharao Eje. Als er starb, riss der zweite starke Mann im Staat, General Haremhab, die Macht an sich. Er machte sich zum Pharao und besann sich einer Praktik, die im Neuen Reich schon desöfteren herhalten musste, wenn ein Geschlecht keine Nachkommen hervorgebracht hatte: des Gottesurteils. Der Horus von Achmim, seiner Heimatstadt, habe ihm die Pharaonenwürde verheißen, ließ er auf seiner Krönungsstatue verlauten. Einziges Zugeständnis und Rehabilitation gegenüber der Dynastie war seine Eheschließung mit Mutnedjmet, einer jüngeren Schwester Nofretetes.

König Haremhab war konservativ und reaktionär. Tut-anch-Amun und Eje hatten den Gott Aton und die Denkmäler der Amarna-Zeit wenigstens noch toleriert, Haremhab tilgte den Namen Aton, wo immer er zu finden war und ließ zu Ehren des Reichsgottes errichtete Bauwerke schleifen. Die Ketzer Nofretete und Echnaton durften nicht mehr genannt werden.

Selbstherrlich usurpierte er die Kunstwerke seiner Vorgänger, ließ Beschriftungen beseitigen und seinen eigenen Namen darüber setzen.

In knapp 30 Regierungsjahren gelang es ihm, das Andenken seiner Vorgänger so gründlich zu vernichten, dass es der Geschichtsforschung heute schwer fällt, über Tut-anch-Amun und Eje gültige Aussagen zu machen. Und ein Rätsel wird es wohl auch immer bleiben, warum Haremhab alles an seine Vorgänger Erinnernde zerstörte oder auslöschte, das Grab des Kindpharaos aber unangetastet ließ. Die Grabstätte Ejes dagegen fiel der Plünderung anheim. Denkmäler Nofretetes, Echnatons und Tut-anch-Amuns in Kárnak, die er abtragen ließ, fanden als Bau- und Füllmaterial für die Tempelanlage von Kárnak Verwendung.

Unter Haremhab wurde die alte Hierarchie des Priester- und Beamtenstaates wiederhergestellt. Haremhab reorganisierte ganz Ägypten, wo immer es zum Vorteil des Staatsapparates war, und er nahm persönlich alle Provinzen in Augenschein. „Ich durchfuhr das Land bis zum Süden.“, heißt es in einem Dekret, „Ich berechnete die Tribute und den Unterhalt. Ich kenne das Innere des Landes in seiner ganzen Länge. Ich suchte Menschen, forschte nach Beamten, die vollkommen an Rede und mit gutem Charakter waren, die zu richten verstehen, was im Körper ist und die auf die Worte des Königshauses und die Gesetze der Wache hören. Ich beförderte sie zum Richten der beiden Länder und zur Zufriedenheit dessen, der im Palast ist. Ich setzte sie in die beiden großen Städte Ober- und Unterägyptens, indem ein jeder seine Einkünfte in ihnen hatte, ohne dass es eine Ausnahme davon gab.

Ich wies sie auf den Weg des Lebens, indem ich sie zur Wahrheit leitete und sie folgendermaßen belehrte: Gesellt euch nicht zu anderen Menschen. Nehmt von anderen keine Geschenke an. Das gehört sich nicht. Was aber die Bezahlung in Silber, Gold und Kupfer angeht, so befahl Seine Majestät, dass die Beamten der Gerichtshöfe von Ober- und Unterägypten keine Bezahlung irgendwelcher Art entgegennehmen dürfen. Es darf nicht mehr passieren, was jener Bürgermeister gemacht hat, von dem man sich folgendes erzählt: Er hat als Richter im Gerichtshof selbst ein Vergehen gegen die Gerechtigkeit begangen, und damit ein großes, todeswürdiges Verbrechen begangen. Denn Seine Majestät hat alles getan, um die Gesetze des Landes zu reorganisieren, um nicht zuzulassen, dass ein weiterer Fall von Ungerechtigkeit geschieht, und um alle, die an einem Gericht arbeiten, auf den Weg der Gerechtigkeit zu bringen."

Die XVIII. Dynastie, die mit Ahmose so viel versprechend begonnen hatte, die mit den Thutmosiden einen machtvollen Höhepunkt und mit Echnaton und Nofretete eine soziale, politische und religiöse Revolution erfahren hatte, endete kraftlos, ideenlos, zukunftslos.

Gemeinsam war Haremhab und Echnaton nur der verzweifelte und von ganz verschiedenen Motiven geleitete Versuch, der immer schwächer werdenden Macht des Pharaos neuer Kraft zu verleihen. Was der eine mit Hilfe des Volkes zu erreichen glaubte, versuchte der andere mit einer neu installierten Priester- und Beamtenschaft zu schaffen. So schien es kurz vor der Wende vom 14. zum 13. Jahrhundert vor Christus, als wartete das Nilland auf eine große Herrscherpersönlichkeit. Diese kam schließlich aus dem östlichen Nildelta, aus einer Familie, deren Söhne seit Generationen Sethos oder Ramses hießen.

Der Ursprung von Mode und Kosmetik

Wenn der Ägypter seine Schatten spendende Behausung verließ, dann empfing ihn gleißendes Sonnenlicht. Der strahlend blaue Himmel war nur selten von Wolken bedeckt, und dann war da noch die Trockenheit der größten Wüste der Welt: der Sahara. Sie reichte auch bis ins Niltal. Die klimatischen Besonderheiten des Landes zwangen seit Menschengedenken zu leichter und luftiger Kleidung. Ausgiebiges Schwitzen hielt die Menschen dazu an, Haut und Haare zu pflegen, wobei man sich nicht nur oft wusch, sondern darüber hinaus auch anspruchsvolle Kosmetik nutzte.

Wie in der Kleidung waren die Frauen auch in der Körperpflege tonangebend: Sie verstanden es, ihre natürliche Schönheit – dunkles Haar und dunkle Augen, die Merkmale des mediterranen Typs – sowie die Anmut ihrer harmonischen Bewegungen durch geschmackvollen Zuschnitt der Kleidung, einer auffälligen Frisur, einer relativen Reinlichkeit und nicht zuletzt durch die Verwendung betörender Parfüms zu betonen.

Textilherstellung und Schneidern wurden in jedem Haushalt Ägyptens von den Frauen ausgeübt, und auch in den Spinnereien und Webereien in den Häusern der Vornehmen spielten Frauen lange Zeit die Hauptrolle. Die Kleider wurden zumeist aus Leinen, seltener aus Schafswolle oder Baumwolle gefertigt. Die Frauen benötigten dazu Messer, Scheren und Nadeln. Im Alten Reich waren die Instrumente aus Kupfer. Im Mittleren Reich wurde es allmählich durch Bronze ersetzt. Interessant ist dabei, dass das winzige Nadelöhr nicht durchbohrt, sondern mittels eines scharfen harten Werkzeuges, am ehesten wohl aus Stein, ausgestochen wurde. Der Faden bestand aus gezwirntem Leinengarn.

Die Haut der Männer hatte sich in Ägypten bereits in urgeschichtlicher Zeit durch die Vermehrung der Pigmente in den tieferen Hautzellen der alltäglichen Sonnenbestrahlung biologisch angepasst. Die übliche rotbraune Hautfarbe wurde nach Süden hin noch dunkler. Auf Paletten aus vordynastischer Zeit sind die Männer fast komplett nackt dargestellt. Sie trugen nur eine Art Lendengurt, an dem ein Stück Stoff als Phallustasche oder dichte Pflanzenstreifen herabhingen. Dass das Glied auf diese Weise verhüllt wurde, geschah wohl weniger aus Scham als vielmehr, um es vor kühlem Wetter zu schützen.

Die Vornehmen trugen im Alten Reich außer dem Schurz noch verschiedenen Schmuck, wie zum Beispiel Halsketten und Brustschmuck. Die waren mitunter auch die Insignien ihres Amtes. Die Priester trugen über ihre Schulter oft ein gegerbtes Leopardenfell mit Tatzen und Schwanz. Die auffällige Fleckung des Fells verriet schon von weitem die Funktion seines Trägers.

Im Neuen Reich trugen die höchsten Beamten mitunter ein Kleidungsstück, das dem von Frauen sehr ähnlich war: Ein von den Achseln bis zu den Knöcheln reichendes sackartiges Hemd, auch Tunika genannt, das an einem um den Nacken getragenen Band festgemacht war. Auch die Statuen von Toten – egal ob Mann oder Frau – wurden auf diese Weise bekleidet aufgestellt. Von etwas anderem Zuschnitt war die durchsichtige Tunika, die die Jugend der gehobenen Schichten über dem einfachen Schurz trug. Sie hatte einen weiten Halsausschnitt, kurze Ärmel und reichte bis an die Waden.

Im Vergleich zu der schlichten Tracht des Mannes war die Mode der ägyptischen Frauen recht kompliziert. Sie waren der intensiven Sonnenstrahlung weniger ausgesetzt, was zur Folge hatte, dass ihre Hautfarbe viel heller bleib. Die Standardbekleidung der Frau war im Alten und Mittleren Reich eine lange, glatte, eng anliegende Tunika, die als Trägerkleid getragen wurde. Sie reichte von der Brust, die mitunter zur Hälfte entblößt war, bis an die Knöchel. Ihr Schnitt garantierte völlige Bewegungsfreiheit, selbst beim Tanz oder der Gymnastik.

An kühlen Morgen oder Abenden hüllten sich die Damen in einen langärmeligen Mantel, der vorn weit ausgeschnitten war. Zu feierlichen Anlässen trugen die vornehmen Ägypterinnen ein Netz mit roten, blauen und grünen zylinderförmigen Fayenceperlen, das sie sich über das mittlere Drittel ihrer Tunika streiften. Das Netz schränkte die Beweglichkeit seiner Trägerinnen zwar erheblich ein und war besonders beim Sitzen lästig, doch dies erduldeten die Frauen gerne, um gut gekleidet zu sein. Ärmere Frauen mussten sich mit einem bunt gestreiften Gürtel begnügen.

Im Neuen Reich wurde die Damenmode bunter und raffinierter, wahrscheinlich durch Einflüsse aus Vorderasien, das inzwischen unter ägyptischer Herrschaft stand. Weiß blieb auch weiterhin die Modefarbe, nur selten war die Kleidung leicht getönt. Doch die bestand nunmehr aus mindestens zwei Stücken. Das Obergewand bildete ein leger geschnittenes, glattes oder plissiertes kurzärmeliges Kleid aus feinstem Leinen, das über der Brust in Zierfalten gesteckt oder gebunden war. Da es durchsichtig war, kamen die Rundungen des weiblichen Körpers besonders raffiniert zur Geltung. Allerdings trugen die meisten Damen darunter noch die klassische Tunika, meist gleichfalls durchsichtig und hauteng am Körper anliegend.

Das Obergewand war unterschiedlich lang und wies entweder schmale Längsfalten oder fächerartige Falten über den Schultern beziehungsweise Querfalten an den Ärmeln auf. Geschmückt war es mit farbigen Borten, Bändern, Säumen und anderen dezenten Verzierungen. Vorn hatte es entweder einen tiefen und breiten Ausschnitt oder ein spitz zur Taille zulaufendes Dekolleté. Oft war es nur an der einen Schulter befestigt, so dass die andere Schulter und Brust unbedeckt blieben, sofern die Frauen darüber nicht noch einen feinen Schleier, einen Schal oder einen Mantel trugen. Die weibliche Mode jener Zeit wurde zusehends raffinierter und zweifellos auch erotischer.

Der einfache Ägypter ging meistens barfuss, seine vornehmeren Zeitgenossen beiderlei Geschlechts trugen hingegen Sandalen aus Leder oder aus Bast. Sie waren mit drei Riemen am Fuß befestigt, von denen der eine nach vorn zwischen der großen und der zweiten Zehe verlief und die beiden anderen seitlich der Knöchel. Oberhalb des Spanns liefen alle drei Riemen wieder zusammen. Die Sandalen von Priestern waren stets weiß.

Arm- oder Fußbänder wurden aus Knochen oder Stein hergestellt. Halsbänder, Armbänder und Gürtel waren darüber hinaus aus Gold, Silber und Halbedelsteinen gefertigt. Für die adeligen Frauen war das mehr-reihige breite Halsband aus bunten, zylinderförmigen Perlen, der so genannte Wesech-Halskragen, charakteristisch.

Der Kopfschmuck einfacher Mädchen bestand darin, dass sie sich um das Haar ein Band aus Leinen banden und es am Hinterkopf mit einer Masche versahen. Daraus entwickelte sich dann das Stirnband oder Diadem, das von vornehmen Damen getragen wurde. An den Seiten war es mit Blättern von Blumen, vorn aber mit einer Lotosblüte verziert. Besonders kostspielige Diademe bestanden aus Draht oder Metallstreifen mit aufgelöteten Verzierungen. Sowohl die Frauen als auch die Männer der gehobeneren Stände trugen stets Ringe an den Fingern.

Goldenen Schmuck durfte ursprünglich nur der König tragen, denn Gold symbolisierte Unsterblichkeit. Es war Sache des Königs, dieses Privileg auch an Priester oder ihm besonders ergebene hohe Beamte aus den Reihen der Aristokratie weiterzugeben.

Besondere Bedeutung für die äußerliche Erscheinung eines Menschen kam selbstverständlich seiner Haar- und Barttracht zu, die zugleich Bekleidung und modisches Zubehör erst richtig zur Geltung brachten. Die ägyptischen Männer bevorzugten zu allen Zeiten kurz geschnittenes Haar, das flach anlag und die Ohren frei ließ. Diese Frisur wurde vor allem von Männern der niederen Schichten getragen.

Vornehme Herrschaften liebten die kurzhaarige Lockenfrisur, die in geschwungener Linie von den Schläfen zum Nakken führte. Außerdem wurde auch mittellanges Haar getragen, das zu beiden Seiten eines Mittelscheitels gleichmäßig in den Nacken fiel und die Ohren zur Hälfte oder ganz bedekkte. Mit langem, allerdings ungeteiltem Haar werden meist die Asiaten dargestellt, während kurzes, lockiges Haar die Schwarzafrikaner charakterisierte. Im Neuen Reich erfreuten sich Perücken mit langen, dünnen Zöpfen, die in Fransen endeten, großer Beliebtheit. In der Amarna-Zeit, als Echnaton herrschte, lebte die Mode der einfachen Kurzhaarperücken, die auch von Königin Nofretete getragen wurden, wieder auf.

Es war nicht nur der Sinn für Hygiene, der im Alten Ägypten die Frauen erfinderisch werden ließ. Als Kleopatra zuerst Cäsar und später den Antonius verführte, konnte sie auf ein Jahrhunderte altes Wissen zurückgreifen, das Generationen von Königinnen vor ihr zusammengetragen hatten. Die rauen Krieger aus Europa mussten vor den geschickt zur Geltung gebrachten weiblichen Reizen und all ihren kosmetischen Hilfsmitteln geradezu geblendet gewesen sein. Sie waren dem Zauber der orientalischen Verführung hilflos ausgeliefert. Denn Kleopatra soll im klassischen Sinn nicht schön gewesen sein, sie war nur unglaublich raffiniert...

Der Aufstieg einer neuen Pharaonen-Generation

Vom Anführer der Bogenschützen wurde der spätere Pharao Sethos I. erst zum Wesir, dann zum Mitregenten und schließlich zum Pharao gekrönt. Er regierte von 1304 bis 1290 vor Christus. Seine sehr gut erhaltene Mumie zeigt einen Mann mittlerer Größe mit strengen und autoritären Gesichtszügen, schwerem Kiefer und breitem Kinn.

Sethos I. muss ein starker und entschlossener Herrscher gewesen sein. Schon als junger Mann übernahm er bedeutende Posten. Sein Vater war Ramses I., ein Soldat aus dem Nordosten des Deltas. Er hatte den Thron erst in hohem Alter bestiegen, nachdem er Posten als Festungskommandant, Oberster Aufseher der Flussmündung, Aufseher der Pferde und Oberster Truppenführer der königlichen Armee bekleidet hatte. Nach kurzer Zeit ernannte er seinen Sohn Sethos zum Mitregenten, und der äußerte schon recht bald die Absicht, Ägypten wieder zu seiner wahren Größe zu verhelfen.

Mit seinem Namen erwies Sethos I. dem Gott Seth seine Reverenz, dem Herrn der ungezügelten Urkraft des Universums. Gelang es, diese Kraft zu kontrollieren, so verwandelte sie den Pharao in einen unbezwingbaren Krieger. Dem Schutz seines Gottes Seth vertrauend, stürzte sich Sethos I. auf den Gegner wie ein wilder Löwe. Kein Feind kam ihm aus, er vernichtete sie alle mit Hilfe seiner Krieger. Denn für einen Mann seines Formats kam es nicht in Frage, Ägyptens Ansehen weiter verfallen zu sehen.

Sethos I. verfügte über drei gut ausgebildete Divisionen, die unter dem Schutz der Götter Amun, Re und Ptah standen. Die Versorgung innerhalb der Armee war glänzend organisiert. Jeder Soldat erhielt zwei Kilo Brot am Tag und zwei Leinengewänder im Monat. Außerdem wurden Rindfleisch, Fisch und Gemüse verteilt. Sethos I. nannte sich auch „Der die Geburten wiederholt". Er sah sich also durchaus bewusst als der erste Pharao eines neuen Königsgeschlechts.

Die Hethiter waren damals von einer Pestepidemie heimgesucht worden und sahen sich gezwungen, ihre unruhigen Vasallen im Zaum halten. Nachdem sie in ihrem Einflussbereich die Ordnung wiederhergestellt hatten, richteten sie ihr begehrliches Auge erneut auf die ägyptischen Vasallen. Sie unterwarfen Nordsyrien und zettelten einen Aufstand der Beduinen an. Rasches Handeln tat also Not. Jetzt sah der Pharao die beste Gelegenheit, Stärke zu demonstrieren und gegen die Hethiter aufzumucken.

Der Feldzug von Sethos I. war ein voller Erfolg. Alle ägyptische Festungen wurden zurückerobert, die Beduinen niedergemacht. Nordsyrien fiel wieder unter die Oberhoheit Ägyptens, Palästina ebenso. Der König drang bis in den Libanon vor, dessen Holzlieferungen für den Schiffsbau und für die Masten vor den Tempelfassaden benötigt wurden. Dennoch blieben die außenpolitischen Probleme auch nach diesem erfolgreichen Feldzug bestehen. An der Westgrenze lehnten sich die Libyer auf, nachdem sie sich viele Jahre ruhig verhalten hatten. Aber auch hier war der Einsatz der Divisionen des Pharao schnell und wirkungsvoll.

Der große Kriegsherr hatte sogar noch Zeit, den Bau des Großen Tempels zu Abydos anzuordnen, dessen Reliefs ohne Zweifel die prachtvollsten sind, die die ägyptische Kunst je zu bieten hatte. Nie zuvor hatte man Arbeiten solchen Ausmaßes unternommen. Sethos I., der Mann des Gottes Seth, schien Osiris ganz besonders zu verehren. Nicht zufällig. Osiris war der Mythologie zufolge von seinem Bruder Seth getötet und zerstückelt worden.

Bei aller Stärke, die ihm Seth verlieh, sah sich der Pharao auch verpflichtet, ganz betont seine Treue zu Osiris zu demonstrieren, zum Gott der Toten, dem Herrn des Jenseitsgerichtes, das den gerechten Seelen den Eintritt ins Paradies ermöglichte. Die Priesterschaft von Abydos wurde vom König dabei stets überaus großzügig bedacht. Er befreite sie von Steuern und Abgaben, denn die religiöse Stiftung des Sethos I. sollte steuerliche Immunität genießen.

Dem Pharao Sethos I. verdanken wir das schönste und größte Grab im Tal der Könige. Gleich hinter dem Eingang geht es tief in den Fels hinein. Ein Scheingang endet in einem Brunnen. Der eigentliche Grabeingang war geschickt kaschiert. Durch zahlreiche Gänge und Kammern erreicht man den Kern der Anlage, einen großen Saal, an den sich die Grabkammer mit dem Sarkophag anschließt.

Es scheint, als hätten die Baumeister ursprünglich den Plan gehabt, das Grab noch tiefer in den Fels zu treiben, denn von diesem letzten Raum geht ein unvollendeter Gang ab. Die

Grabwände sind mit Texten aus den königlichen Totenbüchern bedeckt. Auch das Ritual der Mundöffnung ist dargestellt. Die mythologische Gestalt der Himmelskuh taucht an der Decke der Grabkammer auf. Unter ihrem Leib erstreckt sich der sternenübersäte Himmel, über den die beiden Sonnenbarken gleiten.

Ramses II., die ruhmreiche Sonne Ägyptens

Sethos I. war ein großer, starker Pharao. Er wurde 1290 vor Christus zu Grabe getragen. Aber sein Sohn und Nachfolger Ramses II. sollte ein noch bedeutenderer Pharao werden. 66 Jahre lang herrschte Ramses II. über Ägypten, von 1290 bis 1224 vor Christus. Er wird als „ruhmreiche Sonne Ägyptens" bezeichnet, als „Goldgebirge", als „vollkommenes Abbild des Re" oder als „Sonne aller Länder". Das Gesicht der Mumie des erst mit beinahe 90 Jahren verstorbenen Ramses strahlt noch all seine Willenskraft, all seine Überlegenheit aus. Er hatte eine Hakennase und eine breite Kinnpartie. Die Lippen waren voll. Doch der entschlossene Charakter von Ramses II. ging mit einer ausgeprägten Empfindsamkeit einher. Die Hände waren schön, die Nägel gepflegt.

Ramses der Große war ein Mann der Tat und der Kultur. Die Mumie des Herrschers wurde von Amun-Priestern in der XXI. Dynastie vor Plünderern in Sicherheit gebracht. Sie vollzogen die Auferstehungsriten erneut und bestatteten sie ein zweites Mal. Texte erklären, dass die sterblichen Überreste von Ramses II. zunächst ins Grab seines Vaters Sethos I. gebracht wurden und dann in eine Gruft nach Deir el-Bahari, wo sie auch später entdeckt wurden.

Die Mutter von Ramses hieß Tuja, eine schöne, würdevolle und stolze Frau, die wie eine Göttin verehrt wurde. Der heranwachsende Ramses wurde in der Achtung vor der Größe seines Landes erzogen. Es herrschte ein strenges Regiment: Sethos I. hatte das Ansehen Ägyptens wieder hergestellt und erwartete von seinem Sohn und Nachfolger, dass der sein Werk fortsetzen sollte. Der alte Pharao erkannte früh, aus welchem Holz sein Sohn geschnitzt war, er ernannte ihn zum Mitregenten. „Krönt den König", so befahl er, „auf dass ich noch zu meinen Lebzeiten seine Vollkommenheit sehen kann."

Schon mit zehn Jahren führte Ramses, dessen Körperkraft außergewöhnlich gewesen sein muss, einen Trupp Soldaten an. Wahrscheinlich nahm ihn sein Vater mit zu einem Feldzug gegen die Libyer. So konnte er schon in jungen Jahren der rauen Wirklichkeit seiner Zeit ins Auge blicken. Ramses bewährte sich auch als ausgezeichneter Wagenlenker und wurde schließlich zum Hauptmann der Fußtruppen ernannt. Seine Machtübernahme als Pharao war so klar vorgezeichnet, dass sie völlig reibungslos verlief. Er bezog den Königspalast als ein Pharao, der sich als goldener Falke sah, der den Menschen mit seinen ausgebreiteten Schwingen wohltuenden Schatten zu spenden hatte.

Als Erstes stärkte der junge Pharao seine Streitmacht. Den drei bestehenden Divisionen des Amun, des Re und des Ptah fügte er eine vierte hinzu, die unter dem Schutz des Gottes Seth stand. Er nahm zahlreiche Fremde in seine Dienste: Libyer, Nubier, Amoriter und eingebürgerte Kriegsgefangene sowie deren Söhne.

Eine schlagkräftige Streitmacht war auch dringend nötig. Ramses II. stand in Muwatalli II., dem König der Hethiter, ein starker und mächtiger Herrscher gegenüber. Die beiden Armeen fühlten sich zudem einander ebenbürtig. In seinem vierten Regierungsjahr unternahm Ramses schließlich einen Sondierungsfeldzug, um die Reaktion der Hethiter zu testen. Er führte seine Truppen an der Küste Palästinas entlang und erreichte den Hundsfluss, nicht weit vom heutigen Beirut. Er vergewisserte sich, dass die Region ein guter Ausgangspunkt für den Krieg gegen die Hethiter war.

Im Sturm nahm Ramses II. die syrischen und palästinischen Festungen, die unter feindlicher Kontrolle standen. Die ägyptischen Soldaten zerschlugen die Tore mit ihren Beilen und stellten Leitern an, erkletterten die Befestigungsmauern. Mit den Schilden auf dem Rücken, um sich gegen Steinwürfe und Pfeile zu schützen, die Dolche in den Händen, bewiesen sie ihre überlegene Schlagkraft. Doch die Hethiter blieben nicht untätig. Sie wussten, dass der Moment des Entscheidungskampfes, auf den sie sich seit vielen Jahren vorbereitet hatten, gekommen war. Dafür hatten sie ein mächtiges Bündnis geschmiedet, dem mehr als 20 Stämme angehörten. Der Pharao dagegen stand dem allein entgegen.

Im Frühling seines fünften Regierungsjahres führte Ramses II. seine Armee in Richtung Asien. Er mobilisierte alle verfügbaren Streitkräfte. Eine entscheidende Schlacht gegen die Hethiter schien unausweichlich. In Sile überquerte die Armee die Grenze. Sie marschierte durch Nordsyrien und erreichte einen Monat später die Höhenzüge oberhalb der Festung Kadesch am Orontes. Sethos I. hatte Kadesch einst mit einem waghalsigen Manöver eingenommen, doch die Hethiter hatten es inzwischen zurückerobert.

Ramses hatte seine Stellung strategisch klug gewählt, doch er wusste, dass die Hethiter ihm mit zahlreichen Verbündeten gegenüber standen. Zahlenmäßig waren sie ihm überlegen. Muwatalli hatte all seine Vasallen und Verbündeten um sich geschart und führte sogar seinen Staatsschatz mit sich. Immerhin stand in Kadesch das Gleichgewicht der antiken Welt auf dem Spiel.

Ein Zwischenfall schien das Blatt zugunsten des Pharaos zu wenden: Zwei Beduinen wurden zu ihm geführt. Sie erklärten, dass sie zwar den Hethitern gedient, diese aber inzwischen verlassen hätten. Jetzt seien sie ergebene Diener des ägyptischen Königs, und als solche könnten sie ihm eine nützliche Information geben: Die Hethiter seien noch weit von Kadesch entfernt. Also könne die ägyptische Armee bedenkenlos vorrücken und die Festung mit Leichtigkeit einnehmen.

Ramses II., nicht uneitel, war überzeugt davon, die Hethiter so tief beeindruckt zu haben, dass sie zurückweichen würden. Unglücklicherweise aber waren die beiden Beduinen Spione, die den Pharao gezielt mit falschen Informationen versorgten. Denn in Wirklichkeit waren die hethitischen Streitkräfte nah, sie verbargen sich östlich von Kadesch. Voller Selbstvertrauen marschierte Ramses II. also an der Spitze nur einer seiner Divisionen, jener des Amun, nach Kadesch. Die Divisionen des Re, des Ptah und des Seth waren noch in weiter Ferne.

Ramses II. wurde von seiner Leibgarde bewacht, den Schardana, die leicht an ihren spitzen, in einer Kugel endenden Helmen zu erkennen waren. Der König hielt sich im Inneren seines rechteckigen Lagers auf, das von Schildträgern geschützt wurde. Zusätzlich wurde der Herrscher von seinem zahmen Löwen begleitet, der den Namen „Vernichter der Feinde“ trug. Im Lager ging jeder seinen Beschäftigungen nach. Die Waffen wurden poliert, Streitwagen ausgebessert.

Da starteten die Hethiter einen Überraschungsangriff und trafen die Ägypter völlig unvorbereitet. Die Verblüffung des Pharao war grenzenlos, als ihn die gegnerische Armee umzingelte und von seinen flüchtenden Soldaten trennte. Panik erfasste die Division des Amun, die Fußsoldaten waren bald zersprengt, denn dem Sturm, der über sie hereinbrach, konnten sie nicht standhalten. Ramses II. war gerade noch dazu gekommen, seinen Harnisch überzustreifen, nach seinem Bogen zu greifen und auf seinen Streitwagen zu springen. So stellte er sich dem Kampf.

Nun folgte der entscheidende Augenblick der Schlacht. Der Pharao stand alleine auf seinem Streitwagen einer großen Übermacht gegenüber. Der Überlieferung nach umringten ihn 2.500 feindliche Streitwagen, was aus heutiger Sicht leicht übertrieben wirkt. Der Tod schien dem mächtigen Herrscher sicher. Ramses konnte seine Lage nicht begreifen: An seiner Seite war kein Truppenführer, kein Soldat. Seine geliebte Armee hatte ihn verlassen, hatte ihn in der denkbar katastrophalsten Situation im Stich gelassen. Und sein göttlicher Vater Amun? An der Schwelle des Todes begann Ramses II. zu beten. Es war kein Flehen, kein verzweifeltes Gebet, sondern ein Aufbegehren, eine gewaltige Empörung.

„Amun, mein Vater“, soll der Pharao ausgerufen haben, „warum hat der Vater seinen Sohn verlassen? Habe ich gegen deinen Geist gehandelt, habe ich deinen Befehlen nicht gehorcht? Ich rufe dich an, mein Vater Amun, hier stehe ich inmitten einer feindlichen Menge. Alle Fremdländer haben sich gegen mich verbündet, und ich bin allein, kein Mensch ist an meiner Seite. Meine zahlreichen Fußsoldaten sind geflohen, kein Mitglied meiner Streitwagentruppe ist mir nahe. Ich habe nach ihnen gerufen, niemand hat mich gehört. Aber ich habe begriffen, dass ein einziger Amun für mich mehr wert ist als 1.000 Soldaten!“

Der Gott Amun erhörte das Gebet seines Sohnes. Denn es stimmte: Ramses hatte ihn niemals enttäuscht, er rief ihn zu Recht an. Es war ebenfalls wahr, dass die göttliche Kraft, die Amun verlieh, mehr wert war als eine ganze Armee. Plötzlich richtete sich Ramses auf. Er war kein besiegter König mehr, sondern ein unbezwingbarer Krieger. Heiliger Zorn erfüllte ihn. Er glich dem Kriegsgott Monte. Er hatte die Kraft des Seth, sprengte in die Reihen der Feinde, tötete was ihm in den Weg kam, streckte alles nieder, kämpfte sich den Weg frei und schleuderte seine Feinde kopfüber in das Wasser des Orontes.

Waren es nun die Götter, die dem Pharao halfen, oder traf doch noch die Verstärkung rechtzeitig ein, um Ramses aus seiner bedrängten Lage zu befreien? Er wird nicht zu klären sein und deshalb bleibt an der Schlacht von Kadesch etwas Geheimnisvolles. Indem Ramses die Bedeutung der Gottheit so bewusst in den Vordergrund stellte, machte er Kadesch zur größten mythischen Schlacht der Geschichte. Der Pharao ließ dann auch verkünden, er habe einen großartigen Sieg errungen. Tatsächlich aber scheint die Begegnung zwischen Ägyptern und Hethitern eher ein Fehlschlag für beide Seiten gewesen zu sein. Keine der beiden Armeen hatte offenbar einen deutlichen Sieg davongetragen.

Doch das Ergebnis war für die Ägypter positiv. Dem Vordringen der Hethiter waren endlich Grenzen gesetzt. Muwatalli musste einsehen, dass ihm das mühsam gebildete Bündnis nicht die erhofften Ergebnisse gebracht hatte. Statt sich erneut auf ein Kräftemessen mit dem Pharao einzulassen, hielt er es nun für die bessere Strategie, lokale Revolten anzuzetteln, die den ägyptischen Einfluss nach und nach schwächen sollten. Kaum war Ramses nach Ägypten zurückgekehrt, brach in Palästina ein Aufstand aus. Der Pharao musste erneut in den Kampf ziehen und eroberte die palästinischen Festungen zurück. Kanaan, Städte des Libanon und sogar hethitische Ansiedlungen fielen unter dem Ansturm der ägyptischen Streitmacht.

Im Jahre 1278 vor Christus kamen Ramses und der Hethiterkönig dann endlich zu der Einsicht: Warum nicht Frieden schließen? Der Konflikt zog sich bereits endlos hin. Keine der beiden Parteien hatte einen Vorteil erringen können. Außerdem erstarkten die kriegslüsternen Assyrer. Muwatalli erkannte den Vorteil eines Bündnisses mit dem mächtigen Pharao. Der ägyptische König erklärte sich ebenfalls einverstanden, ein Friedensvertrag wurde unterzeichnet. Und er wurde sogar eingehalten.

Die wichtigste Klausel dieses Vertrages ist uns erhalten geblieben: „Der Oberste Herrscher des Landes Hatti wird niemals nach Ägypten eindringen, um dort zu plündern, und der König von Ägypten wird genauso handeln. Wenn ein Feind den einen oder anderen angreift, wird jeder rufen: Komm, um mir gegen ihn beizustehen."

Die Grenzen wurden nicht exakt festgelegt, doch beide Seiten respektierten den territorialen Status quo. Politische Flüchtlinge wurden ausgeliefert, jedoch nicht als Verbrecher behandelt. Der Friedensvertrag wurde unter den Schutz der himmlischen Mächte und der 1000 ägyptischen und hethitischen Gottheiten gestellt. Sollte einer der beiden Könige eine Vertragsklausel nicht einhalten, so würden die Götter sein Haus, sein Land und seine Diener zerstören. Auf ägyptischer Seite war es der Gott Seth, der für das Abkommen bürgte.

Nach diesem bedeutenden Vertrag waren die Beziehungen zu den Hethitern ungetrübt. 46 Jahre lang herrschte gutes Einvernehmen zwischen den beiden Völkern. Götter, Gedanken, Kunst wanderten zwischen Ägypten und Asien hin und her. Die beiden Herrscher pflegten einen regen Briefwechsel, in dem sie sich gegenseitig zum Frieden beglückwünschten. Ramses sandte einen Magier-Arzt und eine heilkräftige Statue an den Hof des Hethiters.

Um jeden Rest von Misstrauen zwischen den beiden Völkern zu zerstreuen, bot der Hethiterkönig Ramses eine seiner Töchter zur Frau. Der Überlieferung nach sprach er zu seiner Armee und zu seinen Anführern: „Bringen wir nun unsere wertvollsten Geschenke dar, darunter meine älteste Tochter. Übergeben wir sie dem vollkommenen Pharao, auf dass er uns Frieden gewähre und damit wir leben."

Der König ließ seine älteste Tochter holen und mit ihr wertvolle Geschenke: Gold, Silber, unzählige Pferdegespanne, Rinder, Ziegen, tausenden von Schafen. Nach der Vermählung, die den Frieden festigte, begann Ramses seine Jubiläumsfeste zu feiern, organisiert von seinem Sohn Chaemwaset, der der Nachwelt als großer Zauberer galt. Ganz offensichtlich stand Ramses unter dem Schutz der Götter. Zu seinem ersten Jubiläumsfest wurde Ägypten ein außergewöhnlich gutes Hochwasser zuteil, das dem Ackerbau sehr förderlich war. Selbst die Natur erbot also Ramses dem Großen ihre Reverenz.

Der Pharao wurde zum Symbol unerschöpflicher Vitalität. Er war der Gemahl von vier Königinnen und zahlreichen Zweitfrauen. Wenn man einer Darstellung im nubischen Tempel in Wadi es-Sebua Glauben schenkt, war Ramses Vater von 111 Söhnen und 51 Töchtern. Von den königlichen Gemahlinnen war zweifellos Königin Nefertari die berühmteste. Der Pharao liebte sie mehr als jede andere Frau. Ihr ist der kleine Tempel in Abu Simbel geweiht als „Nefertari, damit die Sonne aufgeht". Die Herrin von Ober- und Unterägypten starb etwa im 30. Regierungsjahr des Herrschers. Ihr Grab im Tal der Königinnen ist in Planung und Ausführung ein Meisterwerk.

Der Exodus der Juden

Vom 10. bis zum 18. Regierungsjahr waren die Truppen des Pharao in Kämpfe mit kleinen Fürsten des Moab und des Negev verstrickt. Hebräische Kriegsgefangene arbeiteten teils in den Weinbergen, teils in den Ziegeleien. Manche schürften in den Kupferminen nördlich des heutigen Eilat und verkauften ihre Erzeugnisse. Einige Historiker vermuten, dass der biblische Exodus, der Auszug der Juden aus Ägypten, während der Regierungszeit Ramses` II. stattfand. Meistens wird er jedoch in der Regierungszeit von Merenptah – 1224 bis 1204 vor Christus – angesiedelt.

Die genaue Datierung ist unmöglich, denn in der Bibel wird dem Ereignis zwar eine große Bedeutung eingeräumt, für die Ägypter war es jedoch völlig unwichtig. Für sie waren die Juden des Exodus nichts anderes als eine Gruppe aufbegehrender Beduinen, die das Land verließen. Nichts daran war für sie erstaunlich oder wert, festgehalten zu werden, denn Palästina war stets ein schwer zu kontrollierendes Gebiet.

Für Ramses und die Ägypter brach eine Zeit des Friedens heran. Kein Volk der Welt war stark genug, um es mit einem ägyptisch-hethitischen Bündnis aufzunehmen. Dennoch blieb der Pharao vorsichtig. Er ließ die Festungen des Mittleren Reiches wieder aufbauen und die Nordostgrenze verstärken. Im westlichen wie im östlichen Grenzgebiet waren regelmäßig Patrouillen unterwegs. Reisende in den Grenzgebieten wurden überprüft. Der Nordwesten des Deltas war durch eine Reihe befestigter Forts vor den Einfällen der Libyer geschützt.

Die Religionspolitik des Pharao war klug. Als Auserwählter des Re, von Amun und Ptah geliebt, betonte er auch seine Verehrung des Gottes Seth, der ihm die Macht in all ihren Erscheinungsformen verlieh. Der König verteilte mit unanfechtbarer Autorität seine Gunst gleichmäßig auf die verschiedenen Priesterschaften. Er legte großen Wert auf die Verehrung der Sonnengottheiten, ohne darüber den Reichsgott Amun zu vernachlässigen, der ihm in Kadesch zum Sieg verholfen hatte.

Ramses war es, der der Nachwelt die größte Zahl von Monumenten hinterlassen hat. Dies hat er durch drei Strategien erreicht: Zunächst eignete er sich bereits bestehende Monumente an, als deren Schöpfer er sich betrachtete. Dann stellte er begonnene Bauwerke fertig; schließlich rief er eigene Bauvorhaben ins Leben und errichtete so beeindruckende Anlagen wie seinen Grabtempel, das Ramesseum am Westufer Thebens, oder den berühmten nubischen Tempel von Abu Simbel, ganz abgesehen von seinen Bauten in Abydos, Memphis, Tanis und der von ihm erbauten, neuen Hauptstadt im Delta, Pi-Ramesse.

Der Pharao liebte es, sich selbst darstellen zu lassen. Die Zahl seiner Statuen, von kleineren Werken bis zu Kolossen, ist gewaltig. Seine Statue im Turiner Museum ist ein Meisterwerk von großer Vollkommenheit. Sie zeigt einen lächelnden, gelassenen, feinsinnigen König mit der blauen Krone auf dem Haupt und dem Heqa-Zepter in der Hand.

Die berühmten Kolossalstatuen von Ramses entsprangen nicht nur einer Neigung zum Gigantismus. Sie versinnbildlichen die Göttlichkeit des Herrscherprinzips und nicht etwa des irdischen Individuums Ramses. Der Mensch Ramses II. huldigte dem Gott Ramses. Diese Kolossalstatuen hatten aber auch eine wirtschaftliche Funktion, besonders in den Militärkolonien, in denen die Soldaten zu Ehren solch riesiger Statuen Landschenkungen erhielten. Ägypten war reich, in Ägypten herrschte Frieden.

Ramses II. war alt geworden. Seine ruhmreichen Schlachten gehörten der Vergangenheit an. Der Friedensvertrag mit den Hethitern bildete noch immer die Grundlage für das Gleichgewicht im Vorderen Orient der Antike. Ramses der Große regierte nicht mehr als siegreicher Kriegsherr, sondern als friedlicher Baumeister. Doch die Welt veränderte sich. Das Hethiterreich wurde von inneren Krisen geschüttelt. Die Assyrer entwickelten sich zu einer den Hethitern ebenbürtigen Macht. Die Gefahr der Destabilisierung wuchs.

In der Balkanregion und im Gebiet des Schwarzen Meeres setzten sich ganze Völkerstämme in Bewegung. Die indo-europäischen Völkerwanderungen überrollten Kleinasien, die Ägäischen Inseln, Griechenland, Libyen. Die Fremden kamen zu Wasser und zu Land. Bald waren auch die Hethiter bedroht. Es scheint, als habe der alternde Pharao die Gefahr nicht erkannt. Allerdings war sein Reich noch lange nicht unmittelbar betroffen. Vielleicht wären Präventivmaßnahmen sinnvoll gewesen, vielleicht hätte ein Eingreifen der Ägypter es den Hethitern und Babyloniern ermöglicht, sich der Invasion zu erwehren.

Doch der Geist des Pharao blickte schon dem Jenseits entgegen. Die irdischen Belange bewegten ihn nicht mehr. Seine

Innenpolitik verlor an Strenge. Ein Oberpriester des Amun erhielt das Amt des Obersten aller Priester von Ober- und Unterägypten. Die thebanische Priesterschaft nutzte die Schwäche des großen alten Mannes, um erneut auf die politische Bühne zu drängen. Ramses II. war ein lebendes Symbol, ein Mythos. Niemand wagte es, ihm seine Stellung streitig zu machen, aber im Geheimen wurden bereits Intrigen gesponnen.

Ramses II. starb in seinem 67. Regierungsjahr im Alter von 88 Jahren. Er wurde im Tal der Könige beigesetzt. Sein Grab war unter der Leitung von Paser, dem Großwesir des Südens, gestaltet worden. Von den märchenhaften Schätzen, die es enthalten haben muss, ist nichts übrig geblieben: Das Grab wurde bereits gegen Ende der XX. Dynastie geplündert.

Die Invasion ins Hethiter-Reich

Von 1184 bis 1153 vor Christus wurde Ägypten noch einmal von einem großen Monarchen regiert. Die Zeiten waren schwierig, doch Ramses III. war eine starke Persönlichkeit, die sich nicht einschüchtern ließ. Wehmütig gedachte er der Zeit der großen Pharaonen, die Ägypten zu einem mächtigen Land gemacht hatten, das die damalige Welt beherrschte. Sein großes Vorbild war Ramses II.

Die Thronbesteigung von Ramses III. setzte der Anarchie ein Ende, die in den 40 Jahren seit dem Tod Ramses II. in Ägypten geherrscht hatte. Aus dieser Prüfung war das Land geschwächt hervorgegangen. Die Gesellschaftsstrukturen hatten sich tief greifend verändert. Fremde
Völker drängten ins Land. Der gesamte Vordere Orient drohte von den indo-europäischen Völkerwanderungen überrollt zu werden. In der Regierungszeit des Merenptah – 1224 bis

1204 vor Christus – dem dreizehnten Sohn des großen Ramses, waren die Seevölker in Ägypten eingefallen. Merenptah war es zwar gelungen, sie zurück zu drängen, vernichten konnte er sie jedoch nicht.

Inzwischen hatten sie eine weitaus größere Armee zusammengestellt als jene, die Merenptah besiegt hatte. Ramses III. war darüber informiert und sich der Gefahr bewusst. Er bereitete sich auf den Krieg vor und verstärkte seine Flotte, denn sie schien ihm die beste Waffe zu sein.

Die Invasion der Seevölker begann. Das Hethiterreich wurde verwüstet. Die phönizischen Hafenstädte fielen, Syrien und Palästina wurden erobert. Libyen hatte sich nach der schweren Niederlage, die ihm Merenptahs Streitkräfte zugefügt hatten, wieder erholt. Es war selbst kein reiches Land. Stets hatte es voller Neid und Missgunst auf den wohlhabenden Nachbarn Ägypten geblickt. In der Befürchtung, von den heranbrandenden indo-europäischen Wogen aus ihren angestammten Gebieten vertrieben zu werden, blieb den Libyern nur eine Wahl: die Flucht nach vorn, nach Ägypten. Das Land am Nil wurde von allen Seiten bedroht.

Ramses III. wusste bereits, dass der Krieg unausweichlich war, und so nahm er die Schreckensnachrichten relativ gelassen zur Kenntnis. In dieser ernsten Lage wurden alle Truppen zusammengezogen. Die Berufsarmee verzeichnete einen regen Zustrom junger Freiwilliger. Aber auch Söldner aus Fremdländern wurden geholt. Die Phase der größeren Zusammenstöße begann mit dem Krieg gegen Libyen. In diesem Land war es dem Stamm der Meschwesch gelungen, die anderen Stämme unter seinem Banner zu vereinen.

Der Pharao bot den Anlass zur Revolte selbst. Ramses III. hatte vergeblich versucht, den Libyern einen Anführer seiner Wahl aufzudrängen, einen in Ägypten erzogenen Libyer. Dieser Versuch brachte das Fass zum Überlaufen, und die Libyer versuchten einmal mehr, den übermächtigen Nachbarn zu erobern. Doch die Armee des Pharao schlug hart zurück und konnte einen überwältigenden Sieg erringen.

Aber es blieb keine Zeit, diesen Triumph zu feiern. Die Kämpfe gegen die Libyer waren nichts gegen den Ansturm, der dem von den Göttern geliebten Land erst noch bevorstand. Von Norden her rückten die Seevölker heran, fest entschlossen, sich in den reichsten Gebieten des Deltas niederzulassen. Es handelte sich um eine wahre Völkerwanderung, denn die Krieger kamen in Begleitung von Frauen, Kindern und Vieh. Ihre Habe transportierten sie auf Ochsenkarren.

Die Situation war bedrohlich. Das Gros der feindlichen Truppen versuchte, Ägypten über die Nilmündung zu erobern. Ramses III. bewies strategisches Geschick. Die ägyptischen Flussschiffer benutzten zwar seit Menschengedenken verschiedenste Schiffstypen auf dem Nil, doch traditionell besaß der Pharao nur eine kleine Kriegsflotte. Um den Angreifern gewachsen zu sein, ließ der Pharao sie um ein Vielfaches vergrößern. Die Besatzung der in kürzester Zeit gebauten Schiffe bestand aus einfachen Soldaten der Landstreitkräfte. Die höheren Offiziere erhielten ihre Weisungen von einem Admiral, der seinerseits dem Wesir unterstand. Einer der Männer der Besatzung hatte als Wurfschütze eine entscheidende Aufgabe. Er sollte den Mast des gegnerischen Schiffes zerstören, während die ägyptischen Bogenschützen ihre nur mit Dolchen bewaffneten Gegner mit einem Pfeilhagel schon auf Distanz dezimieren sollten.

Als die Feinde in die Nilmündung vordrangen, stießen sie auf eine wahre Mauer von Kriegsschiffen, die teils über 60 Meter lang waren. Es begann die erste Seeschlacht der ägyptischen Geschichte. Die Wand aus Schiffen, darunter auch Galeeren und kleinere Boote, erwies sich als unüberwindlich.

Doch mit bloßer Verteidigung gaben sich die Ägypter nicht zufrieden, sie gingen zum Angriff über. Die Schiffe wurden von den Fußtruppen unterstützt, die Bogenschützen bewährten sich. Die Truppen des Pharao enterten die feindlichen Schiffe, es gab unzählige Tote und Gefangene. Die feindlichen Schiffe kenterten und sanken. Die überlebenden Philister, die dem Massaker entronnen waren, ließen sich in Palästina nieder und gaben ihm seinen Namen.

Der Pharao hatte tatsächlich sein Land und sein Volk gerettet. Jetzt wollte Ramses III. angreifen. Die Vergangenheit hatte gelehrt, dass Ägypten vor Invasionen sicher war, wenn seine Armee direkt nach Asien vorstieß. Der ägyptische König nahm vier Festungen in Syrien ein und eine im Lande der Amoriter. Ob Ramses III. den Euphrat erreichte, ist nicht sicher. Auf alle Fälle hatten seine Asienfeldzüge nicht den gewünschten Erfolg. Die palästinische Küste blieb in den Händen der Philister. Um seine Siege, soweit es sie gegeben hat, darzustellen, ließ Ramses III. mitunter Schlachtenszenen von Ramses II. kopieren.

Das Ende des goldenen Zeitalters

Dennoch blieb das Kernland stabil, der Handel blühte. Der Pharao verschönerte Theben. Dort standen mehr als 80.000 Menschen im Dienste des Amun von Kárnak. Zu dem Besitz gehörten mehr als 400 Gärten und 2.500 Quadratkilometer Ackerland. Dutzende von Dörfern kümmerten sich um den

Anbau auf den Ländereien. Zu Theben gehörten sogar auch noch über 400.000 Stück Vieh.

Trotzdem hatte die Steuerbehörde große Schwierigkeiten, den Staatsschatz regelmäßig aufzufüllen. Die Priesterkaste entzog dem Pharao mehr und mehr den Spielraum. Zu viele Ländereien waren von Abgaben und Steuern befreit. Die Zeichen des gesellschaftlichen Verfalls mehrten sich. Die Handwerker, die die Gräber im Tal der Könige gestalteten, legten die Arbeit nieder, weil sie nicht mehr so gut mit Lebensmitteln versorgt wurden, wie sie es gewohnt waren. Sie drohten sogar, ihr Arbeiterdorf zu verlassen und nicht mehr dorthin zurückzukehren. Die Lage war gespannt. Die Beamten des Pharao versuchten, die Handwerkerelite zu beruhigen. Schließlich besänftigten Priester die Männer, die präzise Forderungen stellten: Kleider, Gemüse und Fisch. Sie erhielten, was sie verlangten.

Gegen Ende der Regierungszeit Ramses III. wurde ein Komplott zur Ermordung des Pharaos geschmiedet. Doch die Verschwörer wurden verraten und abgeurteilt. Der Monarch starb während dieses Prozesses, 65 Jahre alt und verbittert. Möglicherweise hat ihm die Erkenntnis, dass ihm nahe stehende Menschen in einen Attentat-Versuch gegen ihn verwickelt waren, das Herz gebrochen. Für seinen Grabtempel, das wunderschöne „Schloss der Millionen Jahre“, wählte Ramses III. Medinet Habu in der Nähe von Theben.

Die Arbeiten dauerten nur etwa 20 Jahre. Das 125 Meter lange Grab vermittelt ein Bild der Lebenswelt des letzten großen Pharaos: Szenen aus Bäcker- und Metzgerhandwerk und dem Ackerbau zeigen die Alltagswelt. Der Raum, in dem Waffen wie Schwerter, Bögen, Köcher und Streitwagen festgehalten sind, erinnert an die bedeutende Rolle des Krieges.

Die zahlreichen religiösen und mythologischen Szenen schließlich betonen die Stellung des Pharaos als Priester.

Ramses III. war nicht nur ein vorbildlicher Herrscher und ein großer Baumeister, sondern auch ein Liebhaber von Gärten, Bäumen und Blüten gewesen. Er ließ in mehreren Provinzen Ägyptens unzählige Weinstöcke pflanzen. Seine Regierungszeit war ebenso ruhmreich wie die seiner Ahnen. Denn als er starb, war sein Land immer noch bedeutend, auch wenn es seine absolute Vormachtstellung hatte aufgeben müssen.

Zwischen dem Ende der Regierungszeit von Ramses III. und dem Beginn der Amtszeit von Nektanebos II. verstrichen fast 800 Jahre. Ägypten hat in diesen Jahrhunderten den Niedergang der Ramessiden erlebt. Von 1153 bis 1070 vor Christus trugen zwar weitere acht Pharaonen den berühmten Namen Ramses, doch keinem gelang es, dem Reich seinen alten Glanz wiederzugeben.

Zwischen 1070 und 712 vor Christus dehnt sich die Dritte Zwischenzeit. Im Jahre 712 vor Christus beginnt die Spätzeit, die im Jahre 332 vor Christus mit der Eroberung Ägyptens durch Alexander den Großen endete. Trotz gelegentlichen Aufbäumens erlangte Ägypten seine einstige Macht nie wieder zurück. Zwar gab es einige bedeutende Herrscher, doch die mussten die Macht meist mit den immer mächtiger werdenden Stadtfürsten und der überaus einflussreichen Priesterschaft teilen. Ägypten war so nicht mehr in der Lage, eine aktive und konsequente Außenpolitik zu betreiben.

Schlimmer noch, Fremde übernahmen die Herrschaft und eroberten Schritt für Schritt das Land am Nil. Trotz all dieser Veränderungen aber verlor der Titel „Pharao" nie seine heilige Bedeutung. Selbst die neuen Herrscher, die über die

Zwei Länder regierten, kamen nicht umhin, sich zum Pharao krönen zu lassen und die altehrwürdigen Riten zu absolvieren, wenn sie anerkannt sein wollten. Der Pharao blieb Ägyptens Seele.

Als Nektanebos II. im Jahre 360 vor Christus den Thron bestieg, war die politische Situation mehr als bedrohlich. Nach einer schweren Niederlage gegen die Perser war König Teos aus Ägypten geflohen. Teos hatte seine Streitkräfte mit zusätzlichen Steuern finanziert und sich dadurch unbeliebt gemacht. Zu diesem Zeitpunkt befand sich Nektanebos als Soldat in Syrien. In aller Eile kehrte er in sein Heimatland zurück, wo gerade ein Bürgerkrieg auszubrechen drohte.

Nektanebos schlug die Revolte nieder, ließ sich von den Stadtfürsten als Herrscher bestätigen und wurde selbst Pharao. Um seine Unabhängigkeit zu bewahren, stützte sich Ägypten bereits seit einigen Jahren auf ein Bündnis mit den Griechen. Die Besetzung durch die Perser von 525 bis 404 vor Christus war noch in schmerzhafter Erinnerung. Die XXX. und letzte Dynastie, die im Jahre 380 vor Christus begann, war durch wechselseitige Beziehungen zu den Griechen geprägt.

Dennoch herrschten damals ein relativ friedliches politisches Klima und eine stabile Wirtschaftslage, die – einmal mehr – eine umfangreiche Bautätigkeit ermöglichte. Nektanebos ließ Tempel errichten und ausbessern. Die Ägypter gruben sogar den „Kanal der Zwei Meere“, den ersten Suezkanal, der das Mittelmeer mit dem Roten Meer verband.

Nektanebos II., ein friedliebender und tiefgläubiger König, wurde unerbittlich mit der Realität konfrontiert, als der Perserkönig Ataxerxes III. im Jahre 351 vor Christus Ägypten angriff. Der ägyptischen Armee mit ihren griechischen Söldnern gelang es, ihn abzuwehren. Danach konnte der Pharao nicht untätig bleiben. Er schürte Widerstandsbewegungen gegen die Perser, vor allem in Phönizien. Doch der Schachzug blieb erfolglos. Die Aufstandsversuche wurden unerbittlich niedergeschlagen.

Der Perserkönig war empört über die ägyptischen Machenschaften. Im Winter 343 vor Christus ließ Ataxerxes eine riesige Armee von 300.000 Mann gegen den Pharao marschieren, unterstützt von einer Flotte aus mehr als 300 Schiffen, eine dreifache Übermacht gegen die Streitkräfte des ägyptischen Herrschers. Die Angriffswelle traf die Söhne Amuns mit voller Wucht. Das Delta fiel an die Perser, die Verwaltungshauptstadt Memphis wurde eingenommen. Nektanebos floh nach Oberägypten, um die letzten Streitkräfte zu sammeln. Da startete die persische Armee eine zweite furchtbare Angriffswelle, diesmal gegen den Süden, um jede Keimzelle des Widerstands auszulöschen. Ganz Ägypten wurde erobert, die Tempel erlitten schwere Schäden. Wahrscheinlich starb Nektanebos, ein glückloser Feldherr, in Nubien. Er war der letzte Pharao ägyptischer Herkunft.

Alexander der Große befreit Ägypten

Ägypten stand von 343 bis 332 vor Christus unter der Herrschaft der Perser. Die Ägypter hatten daraufhin Alexander den Großen zu Hilfe gerufen. Durch seinen Sieg bei Issos gegen Darius III. konnte er Ägypten tatsächlich vom persischen Joch befreien. Alexander wurde in der Oase Siwa nach dem traditionellen Ritual zum Pharao gekrönt, organisierte die Verwaltung neu und gründete Alexandria, die neue Hauptstadt Ägyptens.

Das Delta orientierte sich jetzt zunehmend an Griechenland, während der Süden die alten Traditionen Ägyptens bewahrte. Die 15 Ptolemäer, die Ägypten von 305 bis 30 vor Christus regierten, waren dem Titel nach zwar Pharaonen, aber gleichzeitig auch griechische Herrscher. Sie richteten die Wirtschaftsstrukturen auf den internationalen Handel aus, in dem Ägypten eine bedeutende Rolle spielte.

Das religiöse Ägypten lebte dabei noch immer mit der gleichen Intensität. Die Priester genossen als Bewahrer des alten Glaubens hohes Ansehen. Die weltlichen Machthaber und die religiösen Würdenträger hatten ein seltsames Übereinkommen getroffen, denn die griechischen Könige wurden von der Bevölkerung nur widerwillig anerkannt. Also machten sich die fremden Herrscher die Priesterschaft gewogen, indem sie ihr beträchtliche wirtschaftliche Vorteile einräumten. Als Eigentümer der Tempel und der dazugehörigen Ländereien wurden die Götterdiener durch ein Edikt aus dem Jahre 118 vor Christus bevollmächtigt, den Ertrag ihrer Liegenschaften selbst einzubehalten. Überdies gewährte ihnen der Pharao zum Tempelbau Kredite. Unter den Ptolemäern schmiedete die ägyptische Priesterschaft also keine Ränke mehr, sondern sie widmete sich dem Bau herrlicher Heiligtümer: Edfu, Dendera, Philae, Esna, Kom Ombo – um nur die berühmtesten Tempel zu nennen.

Im ersten Jahrhundert vor Christus war Ägypten dann Teil einer Mittelmeerwelt, die von Rom beherrscht wurde. Als Kleopatra im Jahre 69 vor Christus geboren wurde, war auch das Ptolemäerreich nur noch Erinnerung. Ihr Vater regierte lediglich mit Roms Duldung über Ägypten. Aber Kleopatra muss im Gegensatz zu den Ptolemäerherrschern eine tiefe Liebe für ihr Geburtsland empfunden haben. Sie lernte sogar die Sprache der Einwohner, was äußerst unüblich war. Sie sah sich als Vertreterin einer altehrwürdigen Tradition, die im Gegensatz zu den römischen Barbaren stand. Mehrfach wies die Königin in ihrer Politik auf ihr göttliches Wesen hin und aktualisierte damit uralte Grundsätze der pharaonischen Theologie. Ihr Wagemut war mitunter verblüffend. Sie hielt sich für fähig, Rom für ihre Zwecke zu benutzen.

Im Jahre 47 vor Christus brachte Kleopatra Cäsarion zur Welt, den Sohn des mächtigen römischen Politikers und Feldherrn Cäsar. Die Königin war überzeugt, dass ihrem Sohn eine große politische Zukunft bevorstand und Ägypten wieder einen bedeutenden Rang unter den Nationen einnehmen würde. Sie berief sich auf den alten Mythos der Pharaonen: Kleopatra sei eine Verkörperung der Isis, die Horus zur Welt brachte. Sie wurde von einem Gott, von Cäsar, geschwängert. Wie die Großmachtträume der Pharaonin endeten, ist hinreichend bekannt: Octavian, Cäsars Erbe, trieb sie in den Selbstmord und der Knabe Cäsarion starb von Henkershand.

Nach Kleopatras Tod wurde Ägypten zum Kornspeicher Roms. Im Jahre 384 unserer Zeit ordnete ein Edikt die Schließung der heidnischen Tempel an, die Priester wurden vertrieben. Die heilige Sprache erlosch. Wie die Geschichte der Pharaonen geriet auch dieses großartige Werkzeug einer uralten Kultur in Vergessenheit.

Das große Vergessen hatte erst an jenem Tag ein Ende, an dem es dem jungen französischen Gelehrten Jean-Francois Champollion gelang, die Hieroglyphen zu entziffern. Er schenkte uns damit den Schlüssel zu einer Welt, die zu den faszinierendsten gehört, die die Menschheit je hervorgebracht hat. Er gab uns die Möglichkeit, staunend auf Götter und Pharaonen zu blicken, die bereits vor tausenden von Jahren eine Hochkultur entwickelt hatten, zu einer Zeit, als in Rom lediglich wilde Schafherden weideten und in Germanien sich die Menschen an Höhlenfeuern wärmten. Was immer der heutige Reisende über die Einfachheit der ägyptischen Bauern und über die Armut in der Hauptstadt Kairo denken mag: Dieses Volk besaß bereits eine hervorragende Kultur in einer Zeit, als die Menschen im Norden, also unsere Vorfahren, noch schlichtweg von der Hand in den Mund lebten.